福祉職員こころの強化書

穏やかな
気持ちで
人を支援する
専門職になる

久田則夫

中央法規

はじめに

「福祉職員として働くなかで、もっとも苦しいと感じることは何ですか」
この質問を福祉現場で働く職員に投げかけると、圧倒的多数の人がこう答えます。
「苦しいことはいろいろありますが、やはり一番苦しいなと感じるのは職員との人間関係です」

この点について、どのような階層の職員であるかは、一切関係ありません。初任者や中堅職員、そして現場の実践リーダーの方々からは、「同僚や先輩との関係がうまくいかず困っている」、あるいは、「上司との関係に悩んでいる」などといった声が数多く寄せられます。中間管理職や上級管理職の方々からは、「部下との信頼関係に苦慮している」といった声があがってきます。管理職間で意見の相違があり、「苦しい」という声も聞かれます。

忘れてはならないのが、職種間の軋轢《あつれき》です。高齢者福祉の領域では、介護職員と看護職員、介護職員と生活相談員、介護職員とケアマネジャーの間などで、人間関係のトラブルが発生しやすいという特徴があります。常勤職員と非常勤職員との間に、微妙な空気感が存在するケースもあります。大きな対立関係はなくても、両者の間が「何となく遠慮がある」「お互いに言いたいことが言いづらい」といった雰囲気になってしまうことがあります。

では、職員間で、どのような亀裂やわだかまり、あるいは、問題が発生しているのでしょうか。この点について、現場で働く職員に質問を投げかけてみると、次に示す五つの点で「困っている」「苦慮している」「悩んでいる」「気になる状況にある」ケースが多いという事実が明らかになりました。

第一は、「相手にうまく思いが伝えられない」「自分の思いが誤解されることがある」「相手が何を言っているかよく理解できない」「相手が何を思っているか、相手が何を感じているか理解できず不安になる」など、コミュニケーションに関連する問題です。

第二は、「態度がきつい」「あいさつをしてくれない」「言葉にトゲがある」「攻撃的な言動を示す」などといった態度や姿勢によって、人間関係に亀裂が生じているケースです。明らかに〝目に見える〟あるいは〝耳にする〟形で、人を不安にしたり、戸惑わせたりする言動が示されるケースです。

第三は、ちょっとした仕草、表情、姿勢、佇《たたず》まいなどから生じるトラブルです。「何となく冷たく感じる」「何となく敬遠されているような気がする」「信頼されていないような気がする」「嫌われているような気がする」といった雰囲気、あるいは印象が、不安感をもたらしているケースです。ちょっとした仕草や表情で示されるものなので、さほど深刻な影響をもたらさないように思われることが多いのですが、実際はそうではありません。じわじわと人の心を傷つけ、不安感を募らせます。ボディブローのように後から効いてきます。

第四は、職場内の空気感です。雰囲気といっても良いでしょう。職場内の空気感が微妙で、

「何となく意見が言いづらい」「何となく職場の雰囲気が冷たい」「空気が重い」といったものです。ちょっとした空気感なのですが、職員の心に与える影響は軽くありません。微妙な空気感のなかに長くいると、人は心の酸欠状態になります。心が苦しくなると、呼吸も浅くなりがちです。そうすると、肉体的にも息苦しさを感じるようになり、それがまた心の不安を強くするといった悪循環を生み出すようになるのです。

そして第五は、自分に対する他の職員からの評価に関することです。典型的なのは、「上司が私の働きを認めてくれない」「先輩が私の働きをきちんと評価してくれない」というもの。もちろん、逆のケースもあります。「部下から十分な評価や信頼が得られない」「今年度からチームリーダーになったのだが、チームメンバーから信頼が得られず不安」などといった声が私のもとには数多く寄せられてきます。思うような評価が得られないと、人は心穏やかな状態が保てなくなります。不安・焦り・苛立ちなどのネガティブな感情で心が支配され動揺しやすくなります。ちょっとしたきっかけで、他者にネガティブな感情をぶつけてしまうといった事態が発生しやすくなるのです。

＊　＊

決して見逃してはならないのは、職員間の人間関係は業務内容すなわちサービスの質に大きな影響をもたらすという事実です。

人間関係が良好な職場は、心穏やかな状態で働けるので、業務レベルは高い状態にあるという特徴があります。人間関係に問題がある職場は、職員が強い不安感にさらされているため、業務レベルが低下しやすくなります。一つひとつの業務が雑になる、利用者に直接かかわる業務が事務的になるなど、思いやりや優しさに欠けてしまうのです。職員の思いや期待とは異なる行動を示す利用者に対して指示的・指導的・威圧的な対応がなされるなど、権利擁護や人権保障という観点から見れば、危うい業務内容になってしまうこともあります。

職員間の人間関係は、利用者の心理面にも大きな影響を及ぼします。人間関係が良好な職場であれば、利用者の心は安らぎます。平穏に落ち着いて過ごせます。著しい行動障害を示す状態にあった利用者が、職員の人間関係が良好な事業所で支援を受けることによって、行動障害が改善した、あるいは、ほとんどみられなくなったという例は枚挙に暇《いとま》がありません。

他方、職員間の人間関係が良好でない場合は、利用者は強い不安感に苛まれます。心穏やかに過ごせなくなります。不安、恐れ、苛立ち、焦りなどのマイナス感情を抱きやすくなります。これが行動障害を引き起こしたり、強化したりする、もっとも大きな原因の一つになるケースがあります。サービスを利用しはじめたときは、利用者が示す行動障害は軽微なものであったのに、不安感をもたらす支援環境のなかにいたために、行動障害がエスカレートしたというケースは数多くあるのです。

＊　＊

このように、職員間の人間関係や心の状態は、支援の質、介護の質、保育の質に多大なる影響を及ぼします。利用者の心の状態を左右する重大な要素となるのです。

だからこそ、福祉の職場で働く人は、二つの重要なスキルを磨かなければなりません。一つは、人間関係スキルです。もう一つは、自分自身の心の状態を常に良好な状態に保つ、セルフマネジメント・スキルです。より端的な言い方をすれば、「心のマネジメント・スキル」です。

本書では、この二つのスキルを身につけるための具体的方法を紹介します。第1章では、長年にわたる実践現場との関わりで得た経験をもとに、職員の心の状態が業務レベルにどれほど甚大な影響を及ぼすか、すべての福祉職員が留意すべきポイントを紹介します。そのうえで、良好な人間関係を築くための基本視点をわかりやすく具体的に示していきます。

第2章では、自分に向きあう取り組みにチャレンジします。ここで自分に正しく向きあえるようになれば、心穏やかな状態で働くうえで必須となる基本姿勢が身につけられるようになります。良好な人間関係づくりへの旅路にスムーズに乗り出していけます。

第3章、第4章、第5章では、福祉の職場で働く自分の姿勢のなかに、支援の低下を招いたり、自分のモチベーションを下げたりする負の特性がないか、あるいは、他の職員や利用者を不安にしてしまうような姿勢が潜んでいないか、確認する作業にチャレンジします。万が一、そうした姿勢が潜んでいる場合には、どのようにして行動を改めていくか、明日からの実践にすぐに応用できる具体的方法を紹介します。

第6章では、よりよい人間関係づくりの必須要素を紹介します。他者に愛をもって接することができる職員となるためのポイントを、寛容、信頼、親切、謙虚、ゆるし、誠実、自己放棄、自由・解放といったキーワードをあげながら、説明していきます。

本書を通して、福祉職員として働くあなたが、信頼と希望と安心、さらには、自己成長と自己変容という果実を手にされることを心から願っています。

そして、最後に、本書刊行に多大なる貢献をしてくださった中央法規出版の米澤昇氏に心より感謝申し上げます。あなたの的確なご示唆と支えによって、本書を世に出すことができました。あなたこそ、まさに、編集者のなかの編集者です。本造りの最高のパートナーです。これからも一緒に仕事ができればと心から祈っています。

故郷、長崎に想いを馳せながら……

久田則夫

目次

第1章

今この瞬間の心の状態が業務レベルと人間関係に大きな影響を及ぼす

第2章

自分自身の経験と感情を振り返る
―苦難に思える経験があなたを成長へと導く―

第3章

仕事に向きあう
―あなたの業務に対する眼差しや姿勢のなかに人が遠ざかる負の特性が潜んでいないか―

第4章

自分に向きあう
——あなた自身のなかに人が遠ざかる負の特性が潜んでいないか——

第5章

人と向きあう
――あなたの他者への眼差しや姿勢のなかに負の特性が潜んでいないか――

第6章

どうすればよい人間関係が築ける福祉職員になれるか

―愛に根ざした人になる―

第1章

今この瞬間の心の状態が業務レベルと人間関係に大きな影響を及ぼす

1 私と現場との関わり

これまで私は数多くの福祉事業所とかかわってきました。種別は多種多様です。保育所・児童養護施設・母子生活支援施設などの子ども福祉関連事業所、高齢者介護保険事業所、障害児・者関連福祉事業所、救護施設、社会福祉協議会、公的機関、医療機関など、さまざまな種別、経営主体の福祉サービス関連事業所と関わりをもってきました。

関わり方も多岐に及びます。研修指導という形で定期的かつ継続的にかかわることもありますし、業務改善に向けた指導という形で定期的にサポートしていくこともあります。講演を聞いたり、私が執筆した本を読んだりした人が、メールで職場が直面する問題について相談を寄せてくるというケースも数多くあります。十数年前までは、相談依頼の連絡をメールでするのは失礼という日本人的感覚があったのでしょう。最初のコンタクトは手紙や電話が多かったのですが、今ではすっかり様変わりしました。メールでの相談が圧倒的多数になりました。

職場の問題について相談を受ける際には、必ず、次のような点を確認させていただきます。

① どのような問題が、

② いつ頃から、

③ どれくらいの頻度で、

④ どのような状況のなかで発生しているのか。

⑤ 問題と思える事柄が職場の業務レベルにどれくらいの「負の影響」をもたらしているのか。

⑥ その問題に対して、これまでどのような取り組みが講じられ、どのような成果がどこまで上がったか。

⑦ 現在、直面する問題がそもそも発生した原因はどこにあると見立てているか。

これらの点を確認したうえで、今後、どのような形で、問題解決に取り組んでいくか、具体的なアドバイスをさせていただくようにしています。

読者であるあなたが、私への相談を希望される場合には、この七つの点について教えていただければ、ピンポイントにアドバイスをすることは可能です。職場のなかの問題を自分で（あるいは、職場の同僚とともに）解決を図ろうとする場合も、この七つの点を整理したうえで取り組むと、解決へスムーズに進みやすくなります。

2

職員間の人間関係が現場のサービスレベルを左右する

長年の現場との関わりを通して、私は重大な教訓を得ました。職場のサービスレベルを左右する要因は数多くあるのですが、とりわけ重要なのは、一人ひとりの職員がどれくらい適切な人間関係スキルを有しているかどうかにかかっている、という教訓です。

ここでいう人間関係のなかには、当然、利用者や家族との関係が含まれます。職員の立場や職種によっては、他機関・他事業所の職員との関係、さらには地域住民との関係を含む場合もあります。そして、忘れてはならないのが、同じ職場で働く職員との関係です。職員とどのような関係を築いているかどうかが、利用者との関係にも大きな影響を及ぼすものになるからです。

一口に職員間の人間関係といいますが、その具体的な形は多岐にわたります。関係は、タテ、ヨコ、部署間、チーム間、職種間など、さまざまな方向に及びます。同僚、上司、先輩との関係もあれば、部下、後輩との関係もあります。雇用形態が同じ立場の職員との関係もあれば、雇用形態が異なる職員との関係（いわゆる、常勤、非常勤職員、契約職員などとの関係）もあります。異なる職種の職員との関係もあります。経験年数の異なる職員との関係もあれば、経験年数が近い職員間における関係もあります。年齢が近い人、同じ世代の人同士の関係もあれば、年齢が異なる人、異なる世代の人との関係もあります。同じ部署の職員との関係もあれば、他部署の職員との関係もあるのです。

3 外見上のシステム整備だけではレベルアップは図れない

職場の業務レベルに影響を及ぼす要因は人間関係以外にもあります。どのような経営体制であるか、どのような理念のもとに組織運営がなされているか、どのような人事システムが整備されているか、職員採用・育成・定着に向けてどのような工夫がなされているか、どのような給与体系・福利厚生システムが導入されているか等といった点も、業務レベルに影響を及ぼす重要なファクターになります。ですから、組織マネジメントに携わる管理監督者の立場にある職員は、組織全体に目配りし体制面の整備を進めていかなければなりません。

ただし、これは、外見上の書類整備だけを意味しているのではありません。ここ数年、福祉事業所を訪ねると、まず気づくのが、人事システムはいうまでもなく、業務に関するマニュアルやガイドラインなどが整備されていることです。外見上のシステム面においてはかなり充実したかのような印象を受けます。しっかり書類を整備していると感じさせる事業所が増えたという印象が強くあります。

しかし、立派になったのは外見だけで、実体が伴っていないケースがあるのです。人事システムや研修システムを大幅に改善したと自負する事業所を訪ねてもレベルアップは書類だけ（いわゆる文書面だけ）で、職員が実際に成長を遂げているという成果はみられない、チームワークの向上は実質的にはみられないという状況に甘んじているケースが数多くあります。

この傾向は、多くの福祉事業所を経営する大規模法人ほど顕著です。システム上あるいは書類上は、業務レベルの大幅なレベルアップが図られる体制整備ができているかのように見えます。利用者の権利擁護・人権保障体制も万全であるように見えます。人事システムに目を転じれば、職員が気持ちよく働ける環境が整備されたかのような印象を受けます。労働環境という面に関しても、書類上は、他業種の職場と何も遜色はない状況に近づきつつあります。しかしながら、システムの整備が業務の向上に連動していないケースが見受けられるのです。もちろん、例外があるのも事実です。サービス内容の面でも素晴らしい向上を果たした大規模法人もあります。一方で、大きな経費を投入してシステム整備に取り組んだにもかかわらず、サービス向上や職員の育成にはつながらない事業所も、残念ながら、存在するのです。

4 人間関係を円滑にするための体制整備が重要

なぜそのような状況になっているのでしょうか。もっとも大きな理由は明々白々です。組織をあるべき方向に導くうえで、もっとも重要な要素への対応が不十分なためです。表面上は確かに整備が進められたのですが、どのようにして職員間の人間関係を良好かつ円滑にするかという点に関する取り組みが十分に整備されていないのです。

各福祉事業所が取り組むべき、喫緊の課題はまさにこの部分です。職員間の人間関係を円滑にするための体制整備に努めていかなければなりません。その中心にあるのが、事業所のなかで働く職員一人ひとりの意識改革です。人間関係を良好にする責任は組織だけ（管理監督者だけ）にあるのではなく、組織のメンバーであるすべての職員にもあるという意識を深く確実に浸透させていかなければなりません。

業務レベルが低迷状態に終わっている職場には注目すべき共通点があります。一人ひとりの職員のなかに、「人間関係は大切だ」という意識はあるのですが、「人間関係をよくする責任は自分たちにはない。それは上司（他の職員）の責任だ」という意識が広く浸透しているのです。

他方、人間関係がスムーズで業務レベルが高い職場は一人ひとりの職員のなかに、「職場を気持ちよい雰囲気にする責任は自分にある」「他の職員が気持ちよく働けるようにする責任は自分にある」という意識が職員間で共有されています。

5 研修プログラムが表面上の学びに終わっていることがある

人事システムや職員育成システムを見直し、高いレベルに整備したと自負する事業所には、重要な共通点があります。システムの整備が当然の結果として、職員の円滑かつ良好な人間関係の向上にもつながっていると思い込んでいるふしがあるのです。実際、福祉事業所を訪ねると、「研修体制を整備しました」「職員の人間関係や信頼関係の向上のために、人事システムの見直しを行いました」という形で説明を受けることが数多くあります。

残念ながら、その中身を見ると、職員間の信頼関係および人間関係構築に向けた項目や取り組みが十分に盛り込まれるものとはなっていません。職場内の研修プログラムのなかに「チームワーク」や「連携」という項目は盛り込まれてはいるのですが、ごく表面をなぞるだけの研修内容に終わっています。「チームワークは大切」「人間関係は重要」といった表層レベルの学びに留まっているのです。

なぜ、厚い信頼に根ざした人間関係の構築が重要なのか、信頼関係の構築に努めなければどのような事態に見舞われる可能性があるか、他の職員との関係を大切にしていくためにはどのような姿勢・行動が求められるか、などといった具体的なポイントが明示されていないのです。事業所側としては、研修プログラムのなかにテーマとして盛り込まれているので、〝一応〟教えたつもりになっているのでしょう。ところが、実際には、それが行動には結びついていません。頭の中だけの理解に留まっているのです。

この状況は決して看過できません。組織マネジメントにかかわるすべての管理職員は、可及的速やかに、適切かつ十分な手立てを講じ、良好な人間関係の構築に向けた取り組みに着手しなければなりません。管理監督者の立場にあるすべての職員の重大な使命は、安心して働ける職場環境の確立にあるからです。安心は、一にも二にも、信頼をベースとした、人と人との良好な関係のなかでこそ培われるものだからです。

私が現場との長年の関わりのなかで学んだもっとも大きな教訓の一つはまさにこの点です。多くの福祉事業所では、良好な人間関係構築に向けた取り組みへの着手が、組織マネジメント上の重要かつ喫緊の課題であるという事実を学んだのです。

6

職員の心の状態が業務レベルに甚大な影響を及ぼす

現場との関わりを通して、さらにもう一点、重大な教訓を得ました。福祉の職場で働く一人ひとりの職員が、今この瞬間どのような心の状態で働いているかが、サービスレベルに多大な影響を及ぼす、という教訓です。

ここでいう心の状態というのは、幅広い包括的な視点からとらえたものです。安心のなかにあるか、平穏に包まれているかという点も含みますし、不安のなかにあるか、恐れのなかにあるか、焦燥感のなかにあるか、という点も含みます。

具体的にいえば、次のような要素が含まれるものといえます。

一人の人間として自分の人生において、そして、人生のなかの各場面において

- どのようなことを大切にしているか
- どのようなことを重要だと思っているか
- どのようなものを、価値あるもの、大切なもの、重要なものとみなしているか
- 人間存在というものをどのような視点、眼差し、人間観でとらえているか（どのような価値

をベースとして、人をとらえているか）

福祉の職場で働く職員の一人として、そして、業務の各場面において

- どのようなこと（行動、姿勢、考え方）を大切にしているか
- どのようなこと（行動、姿勢、考え方）を重要だと思っているか
- どのようなこと（行動、姿勢、考え方）を、価値あるものとみなしているか
- どのような仕事観をもって業務に従事しているか（職員として携わる仕事を、どのような観点でとらえているか）
- どのような業務観をもって一つひとつの業務に携わっているか（職員として行う一つひとつの業務をどのような観点でとらえているか）
- 職員として接するすべての人（利用者、家族、地域住民、同僚、後輩、先輩、上司等）をどのような視点、眼差し、人間観でとらえているか（どのような価値をベースとして、一人ひとりの人をとらえているか）
- どのような福祉観、倫理観、保育観、介護観、支援観、疾病観、障害観、高齢観をもって働いているか

すなわち、心の状態とは、一人の人間として、さらには一人の福祉職員として、どのような価値観で物事を見ているか、どのような価値観をベースとして人を見ているか、といった事柄を指

すものなのです。一人ひとりが心の奥の、さらに奥の、もっとも深いところで抱いている、価値観、ものの見方、考え方などを反映したものと整理できます。

7
ものの見方、とらえ方が人の行動を左右する

ものの見方やとらえ方、いわゆる価値観は、人の行動に極めて大きな影響を及ぼします。日常生活を例にあげれば、自分の所有物をどう扱うか、他者の所有物をどう扱うか、他者に対してどのような接し方をするか、などといった点は、その人が有する価値観に大きく左右されます。その人が自分の所有物をどのような価値観でとらえているか、他者の所有物をどうとらえているかによって、どのような扱いをするかが決まるのです。

他者への接し方も同様です。その人が今、目の前にいる人をどのような眼差しや価値観でとらえているかが、接し方を決定する大きな要因となります。人が物や他者に対して目に見える形で示すすべての振る舞い、言葉、姿勢は、その人が心の奥底で抱くものの見方、考え方、価値観を反映したものであるのです。といっても、それらは、四六時中、強く意識されたものではありません。多くは、それまでの生活習慣のなかで知らず知らずのうちに身につけたものといえます。

もし、その人が今、手にしているものに対して、「価値ある大切なもの」というとらえ方をし

ていれば、大切に扱います。雑な扱い方はしません。他者に対する接し方も同じです。相手を「価値ある存在」「リスペクトすべき存在」とみなしていれば、誰が見ても大切にしていることがわかるような接し方をします。軽んじるような対応や上から目線の対応に及ぶことはありません。

8 価値観の転換を試みるだけでは改善は望めない

ことは一見シンプルです。正しい価値観さえもてば、正しい行いができるようになるのですから、誰でも簡単に実行に移せそうな気持ちになります。そうです。これで多くの問題が解決できそうな気になります。

誤った行動をする職員の行動を改めようとする際には、価値観の修正さえしてもらえばよい。他者に対して正しい接し方ができるようにするためには、価値観の教育さえ行えばよい。接遇に関しては、これですべての問題が、いとも簡単に解決するような気持ちになります。

業務レベルも順調に向上し、職場の人間関係も右肩上がりに改善を果たす。みんながハッピーになれる。一度、よい方向に向かえば、絶対にレベルダウンなどありえない。価値観さえ修正すれば、すべてうまくいく。つい、そう考えてしまいやすくなります。

ただし、現実は厳しいのです。価値観の変化を求めたり、叫んだりするだけでは、うまくいきません。一時的にはうまくいったとしても、中長期的観点でみるとうまくいかないケースが多いのです。

9 心の奥底に隠れた危うい価値・考え・思いが潜んでいる

行動改善を目指すには、人の心の中がどうなっているか理解することが必要です。人間の心は極めて複雑にできています。シンプルな単層構造ではありません。他者の本音にたどり着こうとする場合、心のドアをノックすれば、簡単に探し出せるというものではありません。

探し出すのが困難なのは、他者の本音だけではありません。自分の本音を見出すのも多くの場合、困難を極めます。うわべの考えや思いであれば、自分の心の中に思いをめぐらせばたどり着けます。そんなに時間をかけなくても、いくつか見つけ出せます。しかし、本音となると、そう簡単にはいきません。本心というものは、心の奥の奥のさらに奥底に潜んでおり、すぐに頭にひらめく思いとは、まったく異なる考えであるケースが多いからです。

困るのは、一体どこまで行けば本当の思いにたどり着けるのか、見当がつきにくい点です。本音あるいは本心というのは、心の奥底の深いところに潜む〝未知〟の考えです。自分さえも知らない〝未知〟の存在なのです。自分が確かな形でとらえた経験がないものを探るのですから、発見は簡単ではありません。自分としては本当の考えだと思えるものを探し当てたつもりでいた。でも、実はさらにその奥に隠された部屋があり、そこに自分の本当の思いが潜んでいることも少なくありません。

一体、なぜ、自分の本当の思いが把握しづらいのでしょうか。自分の考えは、言わば、自分の所有物なのに、どうして簡単に見つけることができないのでしょうか。

この謎を解き明かすカギは、人間誰もがもちあわせる共通の特性にあります。それは、自分にとって都合の悪いもの、もっているのだけれどもっているとは思いたくないもの、もっていることに気づいて罪悪感に苛《さいな》まれたくないと思うもの、その他、他者に知られるとマズイと強く感じる、あらゆる思い、考え、価値観、感情などからは目を背け、無意識のうちに心の奥の奥のさらに奥の深いところに隠してしまおうとする特性です。

無意識のうちに隠そうとする思い、考え、価値観、感情などは、具体的には、他者に対する怒り、苛立ち、憎悪の念、妬《ねた》み、嫉《そね》み、情欲などを指します。さらには、過剰な物欲、名誉欲、地位欲、金銭欲求、自己中心性、利己主義なども含まれます。そのような思いや考えが自分のなかにあると、人は無意識のうちにそれらを心の奥底にしまいこんでしまうのです。それらがあることに気づき、意識化せざるを得ない状況になると、罪の意識、いわゆる、罪責感に苦しむからです。自分には他者に示せない極めて残念で危うい思い、考え、感情などがあることが、辛く、苦しく、屈辱的で、恥ずかしくあまりにも耐えがたいがために、無意識のうちに、心の奥底にひた隠そうとする心理機能が働いてしまうのです。

上智大学神学部教授の柳田敏洋は、こうした心理状況にある自己を「エゴの私」と名付けています。[1]「エゴの私」は二つの層に分かれます。一つは心の表面にある「建前の私」で、もう一つはその奥に潜む「正直な私」です。[2] 人は普段は心の奥底にある、すべての悪しき思いや欲をひた隠し、体裁のよい「建前の私」を演じます。他者から〝いい人〟にみられようと最大限の演技をします。何か話す際には相手に気に入られるよう心がけます。

しかし、「建前の私」のもとには、強いエゴの固まりである「正直な私」が潜んでいます。自己中心性から生じるすべてのエゴに、従順かつ正直になりたい自分がいるのです。欲にまみれた自分を建前で隠すのではなく、そのまま素の状態でさらけ出し、他者にぶつけようとする自分が潜んでいるのです。表面的には、「建前の私」がいて、笑顔で他者の意見に同調しているかのように見せます。が、心の奥底には自己中心性にまみれた欲に傾こうとする「正直な私」がいるのです。「建前の私」は、他者の成功を喜ぶ発言を表向きにはしますが、その奥にある「正直な私」は妬みを露わにしようとします。隙さえあれば、「建前の私」を乗り越えて、素のままの危うい自分をさらけ出そうとするのです。

私たちが、自分の本音を探そうとするとき、手に入れたいと願うのは、善なる自分によって生み出される考えや思いです。会いたいと熱望するのは、理想の自分です。柳田の言葉を借りれば、「真実の私」です。[3] 心の一番深いところで「こうありたい」と願う崇高な自己イメージです。

しかしながら、心の扉を叩いてみると、エゴにまみれた「正直な私」に出会ってしまいます。崇高な思いを抱く「真実の私」とは対極にある思いや考えに出くわして面食らってしまうのです。例えば、自分の期待に応えてくれない他者に対しては、強い怒りの感情を抱き相手を全否定しようとします。どのようなことがあろうとも他者を受け入れようとする「真実の私」を探そうとしていたのに、心の中に目をやると、完全拒否を決意し、攻撃さえ辞さない姿勢を示す自分に出会ってしまうのです。その経験をすると、心の中を覗く気力をなくしてしまいます。自分のなかにある危うい思いや考えに遭遇し、支配されるのが恐くて、心のドアが叩けなくなります。

こうした状況を打ち破る手段としては、何が考えられるでしょうか。自分の心に向きあい、極めて残念な思いや考えをもちあわせていることに気づいたならば、それらを心から捨て去るように固く心に誓う。逃げずに闘いを挑む。こうすれば、簡単に解決できそうです。が、ことはそう簡単にはいきません。

人間には注目すべき、ある残念な特性があります。誰がみても不適切だと思えるようなもの（考え、思い、価値観）であっても、長年にわたって心の中でキープし続けたものには〝愛着〟が生じてしまうのです。簡単には手放せなくなってしまうのです。捨て去ったほうがいいと思われるものを、しっかりと手に握りしめ、保持しようとする特性があるのです。

先に言及した、他者に対する怒り、苛立ち、憎悪の念、妬み、嫉み、情欲などの気持ちが、その典型的な例です。過剰な物欲、名誉欲、地位欲、金銭欲、自己中心性、利己主義などといった考えや思いも同じです。捨て去ったほうが、自分のためになることは誰もが理解できそうなのですが、簡単に放棄できない特性が備わっているのです。明らかにマイナスだ、不適切だと思えることに、従順になる危うい傾向が人には備わっています。捨て去るどころか、しっかりと両手で抱え込んで心の奥底にしまい込んでしまうのです。これはまさに、不適切な思いや考えに完全に屈服した状態を意味します。精神分析医アルノ・グリューンの言説を借りれば、誤った思考を囲い込み、「本当の私」への到達を阻もうとする、破壊的従順の罠に陥ってしまうのです。

では、一体どうして、人はそのような罠にとらわれてしまうのでしょうか。誤った思いや考え、自己中心的欲求などに従順な姿勢を示すようになるのでしょうか。

この点についても厳しい現実に向きあわなければなりません。誤った思いや考え、自己中心的欲求に容易に屈し従順になるのは、自分自身のなかに、捨てたくないという強い思いがあるからです。心のどこかでキープしておきたいと強く願っているからです。そこに自分さえも気づいていない、いや、気づきたくないという思いが存在するのです。

不適切な思いや考えは、人にとって快楽になることがあります。誰かを悪く思う。誰かの不幸を望む。誰かを妬み、その人を引きずり下ろそうとする自分を妄想する。嫌な人に怒りをぶつける自分を想像する。力で抑えつけられ屈服した相手を想像する。こうした思いや考えが、快楽となってしまうことがあるのです。そのために、手放せず、心の中にしまい込むという決断を無意識かつ無自覚のうちにしてしまうようになるのです。決意したのは自分なのに、どうして無意識かつ無自覚なのでしょうか。自覚のうちに行われれば、心があまりにも痛むためです。罪の意識を強く感じてしまうからです。

心の中にキープされた不適切な思いや考え、自己中心的欲求などは心の奥底に潜むだけで、一切外に出てこないというわけではありません。

例えば、他者に対して、いつも優越感を抱いていたいという願望が心の奥底にあるとします。この思いをあからさまに出せば、人は自分から離れていきます。そうなることがわかっているので、表には出さないようにします。表面上は、へりくだった姿勢を見せ、「建前の私」を演じます。ところが、人は内に秘めた思いや考え、価値観に振り回される存在です。「建前の私」を懸命に演じ、へりくだった言動を表面上は見せていても、ちょっとした仕草や表情、言葉などから、強い優越感に基づく上から目線の姿勢が垣間見られるようになります。

この傾向は、相手が自分よりも明らかに下の存在だという意識があると顕著になります。謙虚な姿勢は早々に捨て去られ、あからさまに上からの言動を示すようになります。威圧的、指示的、指導的、叱責的口調など、暴君然とした言動を平然と示すようになるのです。極めて残念なことに、福祉の現場で働く職員が、こうした言動を示す場面を見かけることがあります。あなたが働く職場はどうでしょうか。このような状況に陥った職員を見かけることはないでしょうか。

10

事実に心を閉ざす姿勢が心に抱く考えを封印へと追いやる

人が自分の誤った考えや思いを封印するのは、他者からみられたくないからだけではありません。その思いを自分がもちあわせていることを自覚したくないという思いからも生じます。誤った考えを抱くことが快楽となり、手放せなくなっているのですが、その事実を直視したくないのです。そのような自分であることを認めたくないのです。これが、誤った思いを心の奥底に封印する姿勢へと駆り立てます。自分でも簡単に探し当てられないよう、心の奥の奥の極めて奥の部分に封印してしまいます。常に手にしたり、目にしたりできると、良心の呵責や罪責感に苦しむためです。

わかりやすい例は、誰か特定の人に対して苛立ちや怒り、憎しみ、嫉妬の感情を抱いているケースです。その事実に気づき、意識するのは、耐えがたい苦痛となります。「私はその程度の人間なのか」と自責の念に苛まれます。他者に対して、苛立ち、怒り、憎しみ、嫉妬の感情を抱くことは正しくないという倫理観が、心のどこかにしっかりと備わっているからです。

ここでいう倫理観は別の見方をすれば、人を正しい方向へ導こうとする警告のサインです。不適切だとの思いに気がつくと、警告ベルが心の中でけたたましく鳴り響きます。警告に従い、不適切だと指摘されている考えや思いを手放せればいいのですが、そう簡単にことは運びません。

「確かに、誰に対しても、苛立ちや怒り、憎しみの感情をもつのは適切ではないかもしれない。だけど、ある特定の人に対するものであれば、いいのではないか」

そんな思いが頭をもたげてくるのです。都合のよい理由を無意識のうちに探そうとするのです。そして、運良く、望んだ理由にたどり着けば、もはや、人は警告ベルに従えなくなります。苛立ちや怒り、憎しみの感情を行動として示すようになるのです。

そして、その後には必ずネガティブな感情の封印作業に取りかかります。心の奥底にある、目立たぬ部屋にカギをかけ、誰にも見つからないように封印します。カギがかけられ、心の奥底にしまわれた誤った考えや思い、自己中心的欲求（地位欲、物欲、金銭欲など）は、しばらくはそのなかで身を潜め、おとなしくなります。「なくなってしまった」かのような状態になります。封印した自分さえも、奥底にしまったことを忘れてしまうことがありますが、これはあくまでも一時的な封印です。奥深いところに閉じ込められた考えや思い、自己中心的欲求（地位欲、物欲、金銭欲など）は動きをとめても、マイナスのエネルギーは保ち続けています。解放のときを虎視《こし》眈々《たんたん》と狙っているのです。何かの拍子にカギが外されれば（といっても、カギを外すのは他者ではなくて、自分です！）、パワー全開となります。他者に対する怒り、苛立ち、憎悪の念、妬み、嫉み、情欲といった感情を心の中で爆発させます。それが、行動となって現れてしまうのです。

そこに大きな葛藤が生じます。心の一番奥底にあり、表舞台に立てない「真実の私」は、そのような状況にあっても崇高な自分を追い求めます。福祉職員であれば、強固な倫理意識に基づいて行動する自分を求めるのです。が、「正直な私」が、誤った思い、考え、自己中心的欲求に屈し、「そうなりたくない」自分に陥らせるのです。「そんなことなどしたくない」という行動を起こさせるようになるのです。葛藤のなかで、深く悩み傷つく状況に追い込まれるのです。

11 人の心には相反する考えが同居することがある

私たち人間の心には、もう一点、憂慮すべき残念な特性があります。一般的には「よい」「素晴らしい」と判断されるものの見方、考え方、価値観のなかに、決してよいとはいえない危うい一面が潜んでいることがあるという特性です。一見素晴らしいものを有しているような印象を受けるのに、よく確かめてみると、よいものとはいえない、いや、極めて危ういものと判断できることがあるのです。

例えば、福祉職員として働く人が、「私は人を大切にすることが好き」と自己分析しているケースを考えてみましょう。この自己分析に驚きの声を上げる人は誰もいません。福祉職員であれば、人を大切にするのは使命であり、ごくごく当然のことです。誰もが「驚くに値しない。当然の自己分析結果である」と冷静に受け止めるに違いありません。

ところが、人を大切にするという思いが、条件付きであった場合はどうでしょうか。「私は人を大切にすることが好き」だけれど、実は、条件付き。自分にとって都合のよい行動をしてくれる人は大切にするという意味だとしたら、どうでしょうか。この人に対する評価はどうなるでしょうか。誰もが戸惑い、警戒心を抱きはじめるに違いありません。条件付きで「人を大切にする」という姿勢は、条件にそぐわぬ人の排除につながるからです。すべての人を受け入れる受容の姿勢ではなく、排除の姿勢が色濃くなるからです。

12 「人が好き」の裏側に何か別の考えが潜んでいないか

ところで、本書を手にするあなたはどうでしょうか。利用者に対する日々の接遇場面で、利用者を大切にしているとはいえない、あるいは、愛情を存分に注いでいるとはいえない姿勢を示すことはないでしょうか。

もし、そのような姿勢を示すことがあるとすれば、条件付きで人への接し方を決めるという罠に陥っている可能性があります。心の中で自分が抱く条件に合う行動を示す人は大切にしますが、そうでない人には優しさを示さない姿勢を示すようになっている可能性があるのです。自分にとって心地よいと感じる行動をしてくる利用者には優しく接しますが、そうでない利用者には冷たい対応を示してしまう人になっているおそれがあるのです。万が一、こうした状況に自分がある場合は、速やかに行動を起こさなければなりません。自分が課す条件に見合わない人を大切にしないという姿勢は、権利侵害へと発展する可能性があるからです。

自分が誤った姿勢に陥っていないか確認するためには、次の四点に留意しながら利用者に対する自らの姿勢を振り返る取り組みが必要になります。

①　どのような場面で
②　どのような言動を示す誰に対して
③　どのような接し方をしていたか
④　そのとき自分の心の中にはどのような思いや感情が渦巻いていたか

その結果、不適切な接し方として、次のような点が明らかになることがあります。

①　昼食後の服薬支援の場面で、
②　口を開けず薬を飲もうとしない利用者Ａ氏に対して、
③　「はい、お薬ですよ。口を開けてください。ほら、それじゃ飲めませんよ！」と語気を強める対応をした。
④　他にやらなければいけない業務のことを考えてしまい、心の中に焦りがあった。

自分を振り返る際には、そのときの状況をありのままに心の中で再現し、事実をありのままに受け止める姿勢が必要です。この事例でいえば、語気を強めた対応をしたのは適切ではありません。ただ、この時点で重要なのは、そのような対応をしたという事実をありのままに受け止めることです。自分の姿勢を振り返るのは、行動を確実に改めるためです。

自分を責め立てて傷つけることに終始するためではありません。そのような姿勢をとってしまうと、心が辛くなり、言い訳探しに走り出してしまいます。「他にも業務がたくさんあるので、早く薬を飲んでもらわなきゃ困る」「本人のためにやってあげているのに、応じてくれないなんてあんまりだ」などという思いで心が占有され、適切な解決策が講じられなくなります。

ですから、自分を振り返るときには、どのような事実が明らかになるにせよ、それを冷静にありのままに受け止めるようにするのです。誰も責めず、批判しません。自分自身も批判しません。そして、そのうえで、苛立ちを感じる状況について思いをめぐらすのです。服薬支援に従事するとき、自分は、いつもどのような表情、姿勢、タイミングで行っていたか、振り返ります。その取り組みのなかに、利用者の思いに寄り添っていないような態度や姿勢などが潜んでいないか、確認するのです。

もし、利用者が不安になるような態度や姿勢を示していることがわかったら、そこをまず受け止め、改善に向けて行動を起こします。これが改善に向けた重要な一歩となるのです。

誤解がないように記しますが、自分の思いとは異なる行動を示す利用者に対して、適切とはいえない言動を示した自分を批判したり、非難したりしないのは、自分の行動を正当化するためではありません。事実を覆い隠すためでもありません。誠意をもって向きあうためです。自己批判や自己非難の姿勢で向きあおうとすると、心が痛み、事実から逃げようとする心理が働きます。それを食い止めるために、事実をありのままに直視することに専念するのです。

13

心の中に抱く思いが職員間の人間関係にも影響を及ぼす

職員一人ひとりが心の奥底に抱く価値観は、職員間の人間関係にも甚大な影響を及ぼします。同じ種別の職場で働く職員だとしても、利用者に対する眼差しが一致しているとは限りません。ある特定の利用者に対する眼差しが大きく異なる場合があります。

こうした認識のズレはどこに行き着くのでしょうか。多くの場合、人間関係のきしみ、亀裂、トラブルへと発展していきます。私はこれまで数多くの福祉職場とかかわってきました。そのなかで多くの教訓を得ました。もっとも重要なものはほかでもありません。人間関係に関するトラブルの発端は、ものとらえ方や考え方、価値観のズレにあるのです。そして、それに伴う認識のズレが、亀裂を生み出す大きな原因になっているのです。

こうした事実があるからこそ、福祉の世界で働くすべての人は、真剣に向きあわなければなりません。今、私たちは、他職員との関係という点で、どのような状態にあるのでしょうか。信頼し、安心し、希望をもって歩み続けられる状態にあるでしょうか。それとも不信感、不安、失望感に苛まれる関係のなかにあるのでしょうか。他の職員との間で、どのような価値やもののとらえ方、考え方、見方が共有されているでしょうか。どのような点で共通認識や相互理解が図れており、どのような点にギャップが存在するでしょうか。職員間にもののとらえ方や考え方、価値といった点で、どのようなズレがどれくらいあるでしょうか。

これらの点に、真摯かつ、誠意ある姿勢で向きあうよう努めなければなりません。現状認識が不十分なままでいると、人間関係のトラブルが修復困難な深刻な状態にまで発展するケースが少なくないからです。といっても、誤解は禁物です。人間関係に目立ったトラブルがないように感じられる職場では、現状チェックの必要がないかというと、そんなことはありません。必ずチェックが必要です。

人間関係がどれくらい深刻な状態にあるかどうかは、外見からはわかりません。表向きはうまくいっているように見える職場でも、職員間に深刻な軋轢《あつれき》が存在するケースがあります。裏舞台では足の引っ張り合いや悪口、陰口がはびこっているケースがあるのです。

困ったことに、人間関係のトラブルを多数抱えている職場であっても、実際にそこを訪ねて、トラブルの有無について質問すると、「特段、大きなトラブルがあるとは思わない」との回答が寄せられるケースが数多くあります。トラブルが存在するのに、そこで働く人はどうして「特段、大きなものはない」との返答を示すのでしょうか。別に隠そうとする意図があるからではありません。職員間の認識のズレや亀裂、陰口などがあまりにも日常的な普段の光景になったため、「いつもと変わりはない」「大きなトラブルは見受けられない」といった判断になってしまうのです。ですから、読者であるあなたの職場も要注意です。「特段、大きなトラブルがない」ように見えても、油断してはいけません。改めて点検し直してみると、多くのトラブルがあちこちで発生している公算があるからです。

人間関係にきしみをもたらすトラブルの誘因は、一見してすぐに把握可能なわかりやすいものばかりではありません。小さくて些細に見えるものが、実は、深刻なトラブルに発展する重大因子であるケースもあります。実際、人間関係が深刻なトラブル状態に陥っている事業所の実態を調べてみると、目に見えないほど小さなギャップから始まっているケースが大多数です。最初は、ごくごく小さな認識のズレから始まり、瞬く間に大きな違いやズレに発展していきます。修復困難なズレに成長し、〝解決困難ケース〟と呼ぶべき状況にまで発展するのです。

人間関係のトラブルに関しては、同時多発的に発生するという困った傾向もあります。例えば、十人未満の職員で構成された、小さな部署やチームのケースを考えてみましょう。この規模の集団においても、トラブルは、同時多発的発生の様相を呈します。

先輩と後輩の間の感情面のもつれ、同期同士の亀裂、年齢が近

いもの同士の対立、あるいは異年齢の職員間、さらには他部署職員との衝突といった具合にいくつかのトラブルが同時に発生します。一人の職員がいくつかの異なる人やグループとの間で、人間関係上のトラブルをいくつも抱えているというケースもあります。

十数人あるいは数十人規模になると、トラブルの数は一気に増えます。何となく気が合わない、ぎくしゃくしている、という次元のものも含めれば、数え切れないほどのトラブル、あるいはトラブルの芽がすでに存在しているケースが珍しくありません。

14 トラブルは見えやすいとは限らない

人間関係のトラブルが極めてやっかいなのは、表に見えず気づきにくいものが多数含まれるという点です。例えば、ある特定の職員に対する苛立ちや否定的・批判的感情は芽生えの段階では、当事者本人も何も気づいてはいません。苛立ちといっても、何となく心が落ち着かないなといった程度のものに留まります。否定的・批判的感情も、芽生えの段階では微弱レベルです。「あれ、何やっているのかな。そのやり方で良いのかな」「別にいいけど、さっきの態度、何となく気になるな」といった思いから始まるケースがほとんどです。

これが何かの拍子にネガティブな感情へと豹変します。少しでもネガティブな感情を抱くようになると、即座に強固なものへと変わっていきます。感情を露わにするケースもあれば、当事者本人がいないところで苛立ち、怒りの感情をぶちまける場合もあります。対立関係になる場合もあれば、見えないところでの暗闘に発展する場合もあるのです。

他の職員へのネガティブな感情は、例えば、

・ある特定の職員とはまともに口もきかない。
・報告、連絡、相談を決められたルール通りに行わず、特定の職員だけはスルーして伝えない。
・あいさつをしない。
・苛立ちの言動をあからさまに相手に向ける。

などといった形で示されることがあります。

見えないところでのバトルの場合、やり方は巧妙になります。さまざまな手段を駆使して、苛立ちや批判の対象となっている職員の評判が失墜するような言動を示すようになります。

ある特定の職員に対するネガティブな感情は、職員だけの空間で示されるわけではありません。こともあろうか、次のような形で、利用者がいる空間のなかで堂々と示されるケースもあります。

・利用者の面前で、他の職員に関する悪口や陰口を言う。
・「だから、○○さんは困るんだよね」「あら、まぁ、また○○さん、きちんとこの業務をやっていない」などといった発言を、利用者へのケアに携わりながら、平気で言う。
・特定の職員がいかに不十分な業務しかできない人かを、利用者の面前でことさらに強調する。

このような状況を目の当たりにした利用者はどうなるでしょうか。話題にのぼっている職員に対するネガティブな感情を共有するようになります。自分が好意を寄せる職員が批判されたり、マイナスの視点でみられたりする場合は、悲しみや怒り、苛立ち、憤りなどの感情をもつようになります。どちらのケースであれ、利用者の心は大きく動揺させられます。職員がある特定の職員に寄せるマイナスの感情が、利用者の心にもマイナスの影響をもたらしてしまうのです。職員の不適切な言動によって、平穏な生活が損なわれるわけですから、安心して暮らす権利が脅かされることになります。利用者の視点からすれば、権利侵害行為にさらされている状況にあるのです。

15 人間関係のトラブルが職場にもたらす悪影響

職員間の人間関係のきしみ、軋轢、トラブルは、職場全体にも甚大かつ深刻なマイナスの影響をもたらします。これまで、業務のレベルアップのためにかかわった福祉事業所で得た情報を整理すれば、職場にもたらされるマイナスの影響は表（44頁参照）のように整理できます。

こうした状況をそのままにしておけば、事態はさらに悪化の度合いを高めます。人間関係の悪化がストレス度の上昇を招き、業務レベルの低下を誘発して業務満足度・モチベーションの低下

人間関係のトラブルが職場にもたらす悪影響

①	**サービスレベル、業務レベルが低下する** 人間関係の悪化により連携や共通認識に基づく業務ができなくなるため、サービスレベルが低下の一途をたどる。
②	**ストレス度が高まる** 職員間に生じる感情的な対立、軋轢、亀裂などが、職員に強いストレスを与える。ストレスが職員の業務遂行能力を低下させ、業務レベルの低下を招く。ストレスにより心理的に追い込まれ、休職や離職を余儀なくされるケースが増える。
③	**職場満足度やモチベーションが低下する** 人間関係の悪化は、働く喜びを根こそぎ奪い取る。モチベーションも低空飛行状態となり、業務パフォーマンスが低下する。
④	**離職者が増える** 人間関係に問題があるのは明らかで、緊張感に満ち満ちた職場環境のため、新人職員が、就職後、ほんのわずかの期間で、逃げるようにして辞めていく傾向がみられるようになる。才能あふれる期待の星と目される職員が短期に辞める傾向が目立つようになる。経験年数が浅い若手職員の短期離職が目立つようになり、気がつけば、初任者クラスの職員と超ベテラン職員だけの職員構成になりやすい。実践現場の中核となるべき、中堅職員の数が少ないため、業務遂行面で問題を抱えた職場環境になる。
⑤	**職員確保が著しく困難になる** 人間関係の劣悪さが、事業所外に何らかの理由で伝わり、求人を出しても応募がほぼゼロの状態になる（離職した職員からの情報、見学者からの情報、ボランティアとしてかかわった人からの情報が、共有されていくケースもある）。
⑥	**利用者に対する権利侵害、虐待事案が発生する** 職員の苛立ちが利用者に対する不適切な言動として向けられる。職員間の連携不足が利用者に対するネグレクト（支援要請があっても無視して応えない）という形で顕在化する。
⑦	**あらゆる形態のハラスメントが発生する** 上司と部下間での感情的な行き違いや人間関係上のトラブルが、パワー・ハラスメントへと発展する。特定の世代や年代の職員に対する不適切な言動がエイジ・ハラスメントとみなされる段階までエスカレートする。
⑧	**福祉の仕事に対する社会的評価が低下する** 人間関係の悪化に伴い業務レベルが低下したり、権利侵害、虐待事案などが発生したりする状況になれば、地域社会にもその情報が伝わり、福祉の職場そして福祉の仕事そのものに対する社会的評価が急低下する。

をもたらします。こうした一連の負の環境が、職員を権利侵害とみなされかねない行為へと追い込んでしまうケースもあります。

では、どうすればこうした最悪の事態の発生を防ぐことができるのでしょうか。そのためには、組織的アプローチが欠かせないのはいうまでもありません。組織の運営管理に携わる管理監督者の立場にある職員が、事態の改善に向けて、適切かつ的確な行動を起こさなければなりません。

同時に、求められるのは、職員一人ひとりの決意と行動です。適切かつ正しい考え（価値観）をベースとして働けるよう、心を整える取り組みに着手しなければなりません。他の職員と相互理解と協力のもとに働けるよう、人間関係に関する有効かつ実践的なスキルの習得に努めることが強く求められます。

その重要なステップとして、次章では、自分が今、どのような感情をどれくらい抱く状況にあるか、感情面での現状把握にチャレンジします。そうすることによって、自分の心の中にある感情に向きあい、心穏やかに働ける職員となるためのヒントを学べるからです。さらには、ネガティブな感情にとらわれた状態から自己を解き放つための方法が習得できるようになるからです。

［引用文献］
（1）柳田敏洋『日常で神とひびく』ドン・ボスコ社、2006年、11頁
（2）同掲、11頁（傍点は筆者が付与）
（3）同掲、10頁

［参照文献］
・アルノ・グリューン『従順という心の病い――私たちはすでに従順になっている』YOBEL、2016年

第2章

自分自身の経験と感情を振り返る

—苦難に思える経験があなたを成長へと導く—

1 誰もが人生のなかで経験すること

人がこの世に生を受け、人生の歩みを始めれば、心の状態、あるいは、感情的側面という点において、必ず経験することが四つあります。

第一は、嬉しいこと、楽しいこと、心躍ること、わくわくするといった心の状態です。いわゆる、喜びで心が満ちあふれる状態です。その具体例は次の通りです。

- 誕生日を家族や友人に祝ってもらう。
- 大切な日を誰か大切な人と過ごす。
- 初めて何かにチャレンジし、うまくいった、楽しかったという経験をする。
- 新しい知識や技術を身につける。
- 設定した目標を予定より早く、よりよい形で達成する。
- 昔自分に対してよくしてくれた人と再会する。
- 予想もしなかったサプライズの経験をする。
- 趣味を見つけ没頭する。
- 心おきなく話せる友人と楽しいひとときを過ごす。

第二は、安心感に包まれる心の状態です。自分が受け入れられ、心穏やかな気持ちになる状態です。愛されていると実感できる。大切にされていると心の底から感じることができる状態です。

具体例は次の通りです。

- 夫や妻とともに過ごすひとときに安らぎを感じる。
- 子どもとともに過ごす時間、あるいは、親、きょうだい、親戚と過ごす時間のなかで安心感に包まれる。
- 他者からかけられたなにげない一言にホッとする。他者のちょっとした優しさに、心が温まる。
- 辛いとき苦しいとき、誰かにただそばにいてもらうことによって安心感に包まれる。

こうした心の状態は、人の心を温めるだけでなく、優しくします。

2 苦難と怒りの経験

誰もが経験する第三の心の状態は、苦難の経験です。これは、苦しい、辛い、悲しい、落ち込むといった人生のなかの出来事を指します。日々の歩みのなかで何かを失ったり、何かが抜け落ちたり、何かがない状態になることによって生じる心の状態です。次に示すものがその典型例です。

- 大切にしていた物をなくして悲しい思いをする。
- 親しくしていた人が引っ越していなくなり、会えなくなる。
- 大切な人のいのちの火が消え、天に召されるという哀悼の経験をする。
- 家族の誰かと不和の状態になり、うまく修復できない状態になる。
- 表面上は、きょうだいと仲良くしているが、心の中に何らかのマイナスの感情（嫉妬や劣等感など）を抱くようになり、青年期以降、心の距離が遠くなる。
- 配偶者、パートナーはいるが、心の距離が遠くなり、深い喪失感を味わう。
- 父親や母親との関係において、何らかの原因で心が離れてしまい、辛い経験をする。
- 何らかの病気や障害、経済状況などのために苦しい経験をする。
- さまざまなことにチャレンジするが、どれもうまくいかず失意のどん底に沈む。
- 他者からの期待に応えられず、落胆する。

第四は、怒りの経験です。何らかの理由で心が怒りの感情で支配されてしまい、コントロール不能の状態になってしまいます。何とか制御しようとしても、ちょっとしたきっかけで怒りを言葉や行動で示すという事態を引き起こしてしまうことがあります。一度、怒りの感情が放出されると、止まらなくなることもあります。より強い言動で怒りを外に向けて発するようになるので気をつけなければなりません。

怒りは、自分自身に向けられることもあります。「どうして私はいつもこんな目に遭うんだろう！」「どうして私はこんな状況になってしまうんだろう！」といった思いが心の中に生じる。内に向けられた怒りの感情は、心の中に蓄積されていきます。マグマのように溜まっていくのです。心の中に溜め込まれた怒りのエネルギーは、劣化することはありません。エネルギーが維持されたまま、貯蔵されます。外に飛び出さぬよう、心の奥底に封印されるわけですが、怒りのエネルギーはすさまじく、心と身体を確実に蝕《むしば》んでいきます。機能低下の状態に追い込んでいきます。

忘れてはならないのは、怒りを溜め込むスペースは無限ではないという点です。いつか必ず限界点に達します。限界を迎えれば、爆発という形で放出せざるを得なくなります。そのエネルギーは甚大です。他者に向けられれば、深刻な人間関係上のトラブルを引き起こす原因になるのです。

第三と第四の心の状態は、ネガティブな感情を生み出します。この感情が有する負のエネルギーは絶大です。まず、その感情を抱く人を、ネガティブな感情のとらわれ人《びと》とします。その感情は人を完全に支配下に置き、隷属させます。従順な僕《しもべ》として、好きに使うようになります。

ネガティブな感情の支配下に置かれた人は、その感情によって、いつも心が、大きく激しく揺さぶられます。心はいつも不安感でいっぱいになります。苦しみ、辛さ、怒り、焦り、苛立ちなどのネガティブな感情が、心の中でうごめき、心身両面に大きな痛手をもたらします。日常の当たり前の生活さえもままならなくなるといった状況を生じさせることもあります。何とか職場に行くことができたとしても、心にダメージを受けたままでの出勤であるため、思うような働きができません。業務面でのパフォーマンスは劣化の一途をたどるようになります。利用者や共に働く職員に、強い不安感を抱かせてしまいます。不安感が不信感をもたらし、利用者との間はいうまでもなく、職員との関係にも大きな亀裂が生じやすくなるのです。

3

苦難や怒りの感情がネガティブな側面しかないとは限らない

こうしてみていくと、第三と第四の心の状態はネガティブな側面しかもちあわせていないような印象を受けます。ところが、実際はそうとは限りません。適切な向きあい方、すなわち、適切な対応をすれば、自己成長へと導く原動力にもなりえます。

人類の歴史を振り返れば、素晴らしい功績を挙げた人には共通の人生経験があります。それは辛く苦しい経験です。ある意味では苦難があったからこそ、誰も想像しえないような大きな功績を挙げたといったほうがいいかもしれません。

ここから私たちは人生の重要な教訓が得られます。苦難の経験が、人を成長へと導き、人々の心の中に、苦しみや悲しみを耐え抜く忍耐力を育ててくれるのです。あきらめない、挫けない、投げ出さない心の強さを養い育ててくれるのです。苦難から逃げずに忍耐強く向きあう姿勢がもてるようになれば、対応方法も身につけられるようになります。試行錯誤を重ねながら、どのような苦難にはどう対応すれば良いか、実践から培っていった苦難対応スキル、あるいは、逆境対応スキルが習得できるようになるのです。こうして、心が折れるような苦難の経験から、そこから立ち直る再生力、すなわちレジリエンスを身につけていきます。その結果、職業人としての飛躍と成長が遂げられるようになるのです。

苦難が忍耐を産み出し、忍耐が人を練達の域に導き、人生を乗り切る知恵と熟練したスキルを身につけさせてくれます。練達は人に希望を与え、どのような苦難にも前向きに取り組める姿勢をもたらしてくれます。そうです。苦難が忍耐を、忍耐が練達を、そして、練達が揺るぎない希望をもたらしてくれるのです。職業人としての揺るぎなき成長が手にできるようになるのです。

4 大切なのは、苦しみを実りへ変える決意と行動

苦難について、精神科医であるポール・トゥルニエは高らかにこう宣言します。「生きる目的

は苦しみをなくすことではなく、苦しみを実りあるものとするところにあります」[1]。まさしく、その通りです。誰もが経験する苦難を実りへと変えていくことが、人生の重要かつ大きな目的です。

そして、見逃してはならないのが、人間にはその力が備わっているという事実です。そんな力は自分にあるわけがないと戸惑いを感じる人がいるかもしれませんが、心配する必要はありません。人には、苦難を実りへと変えていく力が備わっています。ただ、多くの場合、それに気づいていないだけです。その力が自分のなかのどこに潜んでいるか、わからないだけの話なのです。

そして、もう一点、留意すべきポイントがあります。たとえ、苦難に対応する力をもち、それが駆使できたとしても、苦難の状況から解放されるには、想像以上に時間がかかるという重要な事実です。大事なのは、苦難を実りへと変えていくための行動を確実に起こすことです。必ず実りが得られるという信頼と希望をもって取り組んでいくのです。

何かをなし遂げたサクセスストーリーの主人公たちに関して、私たちは、サクセスの部分ばかりに注目してしまいます。が、本当に注目しなければならないのは、そこに至るまでの道のりのなかで、彼らが何を大切にしていたかです。共通点は、苦難にあるときにもずっと、信頼と希望をもち続けていたという点。苦難のなかで心が折れそうになることがあっても、失望感に苛《さいな》まれることがあっても、信頼と希望をもって、一歩一歩、前に歩みを進めていきます。こうした姿勢が、彼らをサクセスへと導いていったのです。

トゥルニエがいうように、人生には必ず苦難はつきもので、消し去ることはできません。しかしながら、苦難を実りへと変えることはできます。そのための必須要素になるのが、信頼と希望なのです。自分に用意されている未来に対する全《まった》き信頼です。現時点で明確な実態はつかむことができなくても、実りに向かって進んでいることを信頼する。希望をもって歩み続ける。こうした姿勢が、苦難を実りへと昇華させるものとなるのです。揺るぎなき成長を生み出していく原動力になっていくのです。

5 怒りの感情も成長のエネルギーにできる

怒りの感情についても同じことがいえます。扱い方を間違えるとマイナスの感情の発露に終始し、自分自身や他者の心身両面に大きなダメージを与えるものになります。他方、正しく用いれば、成長への起爆剤にもなるのです。

例えば、社会正義のために力を尽くし、世界中の多くの人から尊敬されている人たちは、怒りの感情とは無縁の人たちだったのでしょうか。答えは「ノー」です。彼らの人生の歴史を振り返ると、社会システムに対する怒りが、彼らを社会正義の実現へと駆り立てたことがわかります。

ただし、その怒りは武器を持つことではありません。静かな願いと祈りと行動によって、社会正義の実現に向けて、自らの生涯を捧げています。

怒りは、正しくコントロールしながら用いれば、社会正義の実現、抑圧されたシステムからの人々の解放、社会が手を差し伸べることができていない人への行動といった形で、実りあるものへと昇華できます。大切なのは使う目的と使い方なのです。

福祉の職場で働く職員の視点でいえば、正しく用いられた怒りの感情は、放置されている問題の解決に向けたエネルギー、不正あるいは不適切な行動をしている人への適切な対応、マンネリに陥り劣化の一途をたどる組織の活性化という実りへのエネルギーへと転化できるようになります。職場のレベルアップを図る職員として揺るぎなき成長が遂げられるようになるのです。

6

どのような心の状態で働いているか自己チェックしよう

さて、ここで、本書を手にしているあなたに自己チェックにチャレンジしていただきます。今この瞬間、あなたの心はどのような状態であるか、確認してみましょう。はたして自分の心はどれくらいが「喜びで心が満ちあふれている状態」にあると思うか、どれくらいが「安心感や安堵感に包まれている状態」にあると思うか、どれくらいが「苦難の状態」にあると思うか、そして、どれくらいが「怒りの状態」にあると思うか、それぞれの比率を考えてみるのです。今この瞬間の心の状態が百パーセントだとすると、それぞれの心の状態がどれくらいの割合になるかを考えてみるのです。厳密にとらえる必要はありません。自分の主観と感性でその比率を考えてみてください。

福祉職員を対象とした、ある研修会の場で、自己チェックにチャレンジしてもらったところ、高齢者施設で働く介護職員の女性は、研修参加時の自分の状態を次のように整理しました。

第一の経験である「喜びで心が満ちあふれている状態」については20パーセント。第二の経験である「安心感や安堵感に包まれている状態」が10パーセント、第三の「苦難の状態」が50パーセント。そして、第四の「怒りの状態」が20パーセント。

この比率がわかれば、まず自分が何に取り組めばいいか、見通しが明らかにできます。今、「安心感や安堵感が十分に得られない状態」にあるのであれば、なぜその状況になっているのか、明らかにする取り組みに着手します。そのうえで、適切な対応策および解決策を講じていくようにするのです。

7

ネガティブな感情が具体的に何であるか明らかにする

先にあげた介護職員のケースのように、「苦難の状態」がもっとも高いと判断できる場合は、苦難の具体的内容の把握に着手します。すると、この職員のケースでは次の点が明らかになりました。

「入社してからずっとある特定の利用者との信頼関係がうまくとれなくて苦しい。日々、介護のために接しようとするたびに、手を振り払われたり、叩かれたりする。大きな声を上げられることもある。朝、仕事に向かうクルマのなかでも、今日もうまくいかないんじゃないかなと不安な気持ちになる。不安と焦りがない交ぜの状態で苦しくて仕方がない」

直接支援場面で働く人であれば誰もが、似たような苦難に直面したことがあるのではないでしょうか。高齢者介護や障害者福祉の世界であれば、利用者との関係がうまく築けない、ある特定の家族と信頼関係が築けないというケースです。児童福祉の現場であれば、ある特定の子どもと信頼関係を築くのに苦闘するケースに置き換えることもできます。福祉事務所などの公的機関であれば、ある特定のクライエントとの関係がうまく築けず四苦八苦するケースをあげることができます。

こうした苦難の状況が把握できれば、解決に向けた方策も立案しやすくなります。

ただし、重要なポイントなので、強調しておきます。自分がどのような苦難にどれくらい直面しているか、状況把握にチャレンジする際には、頭の中の作業に終始しないようにします。必ずノートに書き出しながら作業に取り組むようにします。パソコンを使っての作業も可としますが、その際には、必ずセキュリティ対策が施され、プライバシーの保護が確保されたパソコンで作業にとりかかってください。

書き出す際には、

① どのような内容の苦難の感情を、
② いつ頃から、
③ どのような場面で、
④ どれくらい抱いているか、

といった点を網羅するようにします。

怒りの感情について書き出す際には、

① どのような内容の怒りの感情を、

②　いつ頃から、

③　どのような場面で、

④　誰に対して（何に対して）、

⑤　どれくらいその感情を抱いているか、

といった点を網羅するようにします。

書き出す作業終了後は、「そのような苦難（怒り）といえる状況が生じる原因は何か」、掘り下げる取り組みに着手します。

先のケースでは、「入社してからずっと、先輩からの十分な指導もなく、自分のやり方だけで接するようにしてきた。私の自己流の介護方法や接し方が他の職員とのやり方と異なり、本人が戸惑ってしまったのが原因の一つかもしれない。他の職員がどう接しているか知りたいが、直接、目にする機会がなく、学べないままで終わっている現状がある。また、いつも不安な思いを抱いたまま接しているため、それが本人にも伝わり、事態を悪化させていると思われる」との原因分析がなされました。

これを受けて、立案された解決策は次の通りです。

①　経験年数三年目だが、プライドを捨て、うまく対応ができている同僚職員に自分の現状を伝え、よりよき関係づくりや支援に向けたヒントをもらうように努める。

②　教えてもらったことを実践に移す。

③　実践後、どのような変化があったか、何がうまくいき、何がうまくいかなかったか、振り返る。うまくいかなかった点については、原因を探り、対応策を考え実行に移す。その際には、同僚職員にアドバイスを受けるようにする。

④　協力してくれた職員には、感謝の気持ちを明確な形で伝える。「今後も、アドバイスをお願いします」と謙虚な姿勢で協力を仰ぐ。

以上、本章では、自分が今、感情面でどのような経験のなかで働いているか自己点検し、改善に向けて行動をするための方法について、紹介しました。

次の章では、自分自身のなかに、人を傷つけたり不安にしたりするような行動特性がないかの自己チェックにチャレンジします。自分のなかに潜む「負の特性」に気づくことが、心を整えた福祉職員、そして、人間関係を良好にする職員となるための重要な取り組みとなるからです。

［引用文献］
（１）ポール・トゥルニエ、山口實訳『人生を変えるもの――トゥルニエの世界』ヨルダン社、１９８７年、１２０頁

第3章

仕事に向きあう

―あなたの業務に対する眼差しや姿勢のなかに
人が遠ざかる負の特性が潜んでいないか―

1

負の要素と向きあう勇気の大切さ

穏やかな心をもって他者と良き人間関係を築ける人になるには、自分のなかに、他者を不安にさせたり、傷つけたり、遠ざからせたりするような残念な特性が潜んでいないか、自己チェックする姿勢が不可欠です。そうすれば、どの部分を修正すればよいのか、どの部分をレベルアップすればよいのかが見えてきます。よりよき自分になるためのヒントが得られます。進むべき方向が明らかにできます。どこに向かえばよいかわかれば、勇気百倍です。福祉の世界で働く職業人として、安心のうちに日々を送れるようになります。

自己チェックと聞くと、ドキッとする人がいるかもしれません。自分に向きあうと、悪いところばかりが見えて気が滅入るのでは、と不安になる人がいるかもしれません。しかし、恐れる必要はありません。自己チェックで自分の残念な側面に向きあうのは成長と飛躍を遂げるためです。がっかりさせたり、心を痛めつけたりするためではありません。むしろ、その逆です。自分自身をこよなく愛すべき大切な存在としてとらえ、心を込めて育て上げていくための取り組みなのです。

人には無意識のうちに心の奥底で強く抱く根源的欲求があります。そのなかの一つが成長欲求です。人は誰もが、自分の人生を振り返ったとき、こう実感したいのです。

「ああ、良かった。私、こんなに成長したんだ」

成長が実感できれば喜びに包まれます。成長したという実感が得られないと不安になります。心が大きく動揺します。喜びが実感できない日々が続いてしまいます。

自分自身を着実に成長へと導いていくには、過去のある時点から現在までを振り返り、自分が今どこにたどり着いているのか、歩みを確認する必要があるのです。現在地がわかれば、目的地までの距離が確認できます。これからどこにどのような方法で向かって進めばいいのか、自分の進路を見極めやすくなります。

2 重荷を軽くする

きっと、読者の皆さんも経験があるのではないでしょうか。ハイキングや山登り、あるいは遠足などで、目的地まで、残りどれくらいかわからず、著しい疲労感に襲われた経験が。

今、自分が目的地までどれくらいのところにいるのかわからないと、人は不安のために強い疲

労感に苛《さいな》まれやすくなります。今、行っていることすべてが、重荷に感じるようになるのです。ですから、こう断言できます。自分の歩みを振り返り、点検する取り組みは、あなたが日々の生活や仕事のなかで担っている重荷を軽くする行動なのです。疲れた者が心と身体の休息をとるためのアクションともいえるのです。

3 〝負の特性〟から自己を解き放つ

人が欲する根源的欲求のなかには、大切にされていることを実感したい、あるいは、愛されていることを実感したい愛情欲求もあります。希望をもって進みたいという希望欲求もあります。さらには、他者の役に立つ人になりたい、信頼される人になりたいという貢献欲求もあります。自分自身を振り返り、点検するのは、これらの欲求を満たしながら生きる人になるためです。そのような存在となるためには、これらの根源的欲求の充足から自分自身を遠ざけてしまう、残念な〝負の特性〟から自分自身を解き放っていかなければなりません。

この世に完璧な人はいません。人生のなかで一度たりとも人を不安にしなかった人はいません。心配をかけなかった人もいません。誰もが無意識のうちに、人が傷つき、不安になるような姿勢、態度、言動、行動パターンなどを人生のなかで身につけ、人に示すことがあります。自分はそのつもりはないのに、なにげない一言で人を傷つける場合があるのです。

ですから、決して油断してはいけません。一見ちょっとしたもののように感じるものであっても、自分が人を不安にしたり、人の心に痛手を生じさせたりする言動（その可能性をもつ言動も含む）を示していないか、振り返るのは重要な取り組みです。残念な部分を放置しておくと、知らぬ間に増長し、大きな痛手を与えるものに発展する可能性があります。そうなってしまえば、どんなに自分が他の部分で素晴らしい才能を発揮していたとしても、他者から見向きもされなくなる可能性があります。せっかくもち合わせている、自分自身のなかのプラスの部分が他者からは見向きもされず、評価されなくなってしまうこともあります。時には、良い部分がマイナスの部分に浸食され、良さが根こそぎ奪い取られてしまう事態も発生するのです。

こうした事態を防ぐには、勇気をもって自分を振り返る姿勢が必要とされます。自分自身のなかに、人を不安にしたり、気持ちを傷つけたりしかねない特性が潜んでいないか。人間関係に亀裂をもたらすトラブルのタネとなるものをもち合わせていないか。修正すべき点の把握に向けて、確かな行動を起こすことが求められているのです。

4 周りに希望を与え地境を拓く人になる

これらの点は、福祉の世界で働く人にとって、心に留めるべき重要なポイントなので、もう少し説明を加えます。

振り返りは、常に希望をもって歩みを進める自分になるための勇気あるチャレンジでもあります。そして、この希望こそが、恐れや不安から人を解放する〝特効薬〟となるのです。希望が抱ける自分になれば、心の穏やかさを手に入れることができます。広い心で人と接することができるので、信頼関係も築きやすくなります。振り返りは人に希望を与え、希望が人に信頼感をもたらします。信頼感によって、人は喜びを心の底から実感できるようになれるのです。振り返りには、こうした素晴らしいメリットがあるのです。

振り返りには、同時に、道を切り拓く効果があります。自分のなかに潜む残念な側面、すなわち、自分自身の成長を妨げるもの、信頼を失わせるもの、安心感や安定感を奪い取りかねないものなどを特定し、それを取り除く取り組みをしていけば、福祉の世界で働く専門職である自分の道を切り拓くことにもつながるのです。自分自身の可能性が無限に広がっていくのです。

人財育成を専門とする私が好む表現を用いるなら、地境《じざかい》（バウンダリー）が拓けてくる、と言い表すことができます。地境とは、別の言い方をすれば、境界線と表現できます。人は自分に割り当てられた土地、あるいは、自分が所有する土地といった限定された場のなかで活動しており、知らず知らずのうちに、その限られた場にしか、自分の活動できる場はないと思い込んでしまいます。

しかし、自分に割り当てられた土地以外にも、あるいは、所有する土地以外にも自分の力が役立てられる場はあります。地境を越えて未開拓の土地を見渡してみると、そこに素晴らしい可能性が秘められていることがあるのです。

これは自分自身にも当てはまります。自分自身を振り返れば、自分のなかに、未開拓の〝土地〟（未開発の能力）が眠っていることに気づけます。その部分を切り拓き、力をフルに発揮できるようになれば、自己成長が遂げられます。責任をもってやり遂げられる仕事の範囲も広がり、自分自身への信頼感も高まっていきます。自信をもって、さまざまな業務に取り組めるようになります。

こうして手にする自信は、人の心に揺るぎない希望を生み出します。それが、自分をさらなる高みに向けて突き動かす原動力となります。

希望には人の気持ちをリラックスさせ、安心感で包み込む作用があります。希望があるとき、人は落ち着いて、穏やかに、歩みを前に進められるようになります。自分を、強い調子で叱咤したり鼓舞したりする必要はありません。希望によってもたらされる安心感が、人を前へ前へと進ませてくれるからです。

安心オーラを出す人の周りには、人も集いはじめます。人望が得られるようになります。「この人であれば、信じて頼れる」という実感を与えてくれるからです。

5

地境を切り拓くアクションへの招待

こうした点が理解できれば、準備万端です。読者の皆さん一人ひとりを地境を切り拓くためのアクション・プランに招待させていただきます。

方法は簡単です。自分が、人を不安に陥らせ、遠ざけてしまう「負の特性」を示していないか確認するのです。

本章では、仕事・業務面からみた「負の特性」が自分に備わっていないか、チェックします。第4章では、自分自身のものの考え方や姿勢のなかに「負の特性」が備わっていないか、確認します。第5章では人（他者）との関わりのなかで、不適切な言動に及んでしまう「負の特性」がないかを、チェックします。

三つの章で合計20に及ぶ「負の特性」を紹介します。内容に目を通し、自分にその特性が潜んでいないか、振り返ってみましょう。もし当てはまる特性があった場合、「負の特性」の呪縛から自分を解放するための〝処方箋〟に目を通して、フル活用してください。

共に働く職員に「負の特性」を示す人がいる場合は、あなたの力添えが必要です。〝処方箋〟に書かれた対応法を駆使して、「負の特性」と訣別が図れるようサポートしていきましょう。

6 仕事・業務に関する負の特性①
仕事・業務に対して不満感を露わにする

これは、自分が携わる仕事や業務に対する不満感を、周りにいる人にわかる形であからさまに示す行動特性を指します。この特性を示す職員は、利用者（子どもも含みます）に接するときも、同僚の前でも、不満オーラをあからさまにしながら働く姿勢を平然と示す特徴があります。

家族の面前ではさすがに不満オーラは控えめになるのですが、当該職員との接触が頻繁にある家族は、相手の心に強い不満感があることはすぐに察しがつきます。当然、家族は強い不安感に駆られます。強い不満を抱えて働く職員のマイナス感情が、利用者に影響を及ぼすのではないかと心配になるからです。

(1) 不満感露わな態度は行動障害を誘発する

直接、支援・介護・保育サービスを受ける利用者はより大きな影響を受けます。子どもであろうと、大人であろうと、利用者の感性は極めて鋭敏です。身近な存在である支援者が心穏やかでない状況にあれば、強い不安感を抱くようになります。福祉サービスの利用者が示す「行動障害」「気になる行動」「支援を要する行動」などは、障害や疾患、精神症状などだけで引き起こされるわけではありません。当該利用者が今、過ごす場が不安心理を高める不適切な環境にあることによって、引き出されたり、増長させたりするケースがあります。一部の職員がみせる、不満感露わな表情や動きが利用者を強い不安感に陥らせ、行動障害や気になる行動などのトリガー（引き金）になることがあるのです。

不満感露わな態度や表情、言動などは、共に働く職員にも大きなストレスを与えます。心が動揺し、大きな心理的ダメージを受けるケースもあります。

例えば、ある職員が特定の業務に対して、頻繁に不満感露わな態度を示すケースを想定してみましょう。この職員は自分が得意とする業務には嬉々として取り組みます。ところが、自分が「取るに足らない」とみなしている業務、あるいは、何らかの理由で強い負担感を抱いている業務に関しては、ため息交じりの姿勢を示したり、苛立った態度や表情を見せたりするのです。時には、利用者支援に携わっているときに、怒りや苛立ちを示すような発言を示す場合もあります。その姿を見かける周りの職員の心情は穏やかではありません。いつか大きな問題を起こすのではないかとヒヤヒヤします。「この状況はまずい」という思いはあるのですが、下手に介入すると、不満の矛先が自分に向かうおそれがあります。結果的に、同僚の行動に対して見て見ぬふりの状態になり、心が大きく動揺します。その状況を変えられず、利用者に申し訳ないという気持ちが生じるからです。

「やはり、この状況を見過ごせない」ということで、上司に報告し、指導を要請するケースもあります。ところが、これがうまくいくとは限りません。上司から注意を受ければ、「わかりました。すみません」と謝る姿勢は示すのですが、行動面での改善はみられません。上司が介入しても、その場かぎりの形だけの謝罪となり、結局、何も変わらずに終わってしまうのです。

これがさらに大きなマイナスの影響を職場にもたらします。介入を要請した職員は失望感に苛《さいな》まれます。上司が介入しても何も変わらなかったという印象を強く受けるからです。その苛立ちが上司に対する不信感を生み出すこともあります。上司の側は、「役に立てなかった」ので後ろめたい気持ちに駆られます。その結果、上司としての自信をすっかりなくしてしまったり、部下とのコミュニケーションがスムーズにできなくなるといった問題に発展したりします。

福祉の職場は狭い世界です。部署やチームのなかで、この種の事態が生じると皆が知るところになります。一部の職員間で生じたわだかまりは他の職員にも広まっていきます。深刻な不信感や対立関係が、部下と上司との間に出来上がってしまうことがあるのです。

こうした深刻な事態を引き起こすことがあるので、しっかりと自分を振り返らなければなりません。自分の働く姿勢のなかに、不満感を露わにするようなものがないでしょうか。

(2) 一度でも経験がある場合は要注意

「ごくたまにある」「あっても一回か二回程度」という場合も油断は禁物です。すでに不満感露わな姿勢を示した経験があるならば、〝次〟もありえます。例えば、上司や同僚などから頼まれ事をされた場合に、不満感露わな態度や姿勢、言動などを示した経験がある場合（その場ではにこやかに対応したが、その後、他の職員に苛立ちや怒りを示した経験がある場合）、今後も同じことがありえるという視点で自分自身を律しなければなりません。たとえ一度であっても、不満感露わな姿勢を示したのであれば、自分の心の中に、不満があるときそれを露わにしてしまう特性があることが否定できないからです。その姿勢を確実に葬り去るための取り組みに着手していなければ、今この瞬間も、心のどこかに潜んでいると言わざるを得ないからです。

(3) 権利侵害のおそれもある

不満感を露わにする姿勢を利用者に見せる場合、権利侵害あるいは虐待と認定される可能性もあります。職場に対する不満感や苛立ちから、利用者に対して、強い口調、威嚇的な態度、指示的・叱責的姿勢で示す場合、あるいは、利用者からの要望、働きかけなどを無視して対応しないという態度で示す場合は、まさに心理的虐待やネグレクトと指摘される可能性があるのです。

このように、不満感露わな態度は、重大かつ深刻な状況を生み出す原因にもなりえます。ですから、極めて厳しい視点で、自分の行動のなかに職場に対する不満感を露わにするようなものがないか、しっかりと点検する姿勢が求められるのです。

(4) 不満感はどこから来るのか出所を把握せよ

そのために、必ず取り組まなければならないのは、出所《でどころ》を点検する作業です。何が不満感を生み出す原因になっているかを明らかにする作業に取り組んでいきます。明らかになった原因に対しては適切な解決策を講じていきます。

例えば、不満感の原因が、「自分にばかり業務が集中している」「他の職員と比べて抱えている業務が多い」といった点にあるのではないかと想定されるケースを考えてみましょう。

このケースでは、速やかに事実関係を明らかにする作業にとりかかります。他の職員の業務状況と比べたとき、本当に自分に業務が集中している状況にあるか、チェックします。その際には、実際に所属するチームや部署のなかでの一日の業務内容を書き出す形で行っていきます。続いて、どの業務をどういうふうに分担しているのか、書き添えていきます。その結果、極めて不公平な実態、すなわち、自分だけに多くの業務が偏った形で任されている事実が明らかになった場合には、直属の上司に相談し改善を図ります。これは働く人の権利として当然のことです。遠慮する必要はありません。

苛立ちの原因が、大きな業務の偏りではなく、小さな偏りの場合はどうすればよいのでしょうか。例えば、定型業務に入っていない業務が突発的に発生すると、高い確率でその業務が自分に回ってきて、負担になっている場合はどうすればいいのでしょうか。この場合も上司への相談は必須です。同時に、自分自身で〝身を守る〟行動も必要になります。

(5) 過剰な負担となる業務の依頼には「ノー」の姿勢を示す

もっとも有効な方法は、過剰な負担となる業務の依頼には、「ノー」と明確な意思表示をするようにしていくことです。

しかし、この取り組みは、他者からの業務依頼にこれまで「イエス」と答える傾向にあった人にとっては簡単ではありません。実は、過剰な業務負担に追い込まれやすい人は、真面目で責任感が強い傾向があります。残念なことに、職場には、その真面目で責任感が強い傾向につけ込む人がいます。真面目で人から頼まれると断れない傾向につけ込んで、突発的に起こった業務をすぐに割り振ろうとします。自分が苦手だと感じる業務や負担感を抱く業務を押しつけようとします。真面目で責任感の強い人が、その対象となってしまうことがあるのです。

一度、その対象となり、業務を引き受けていくと、「もう引き受けません」と宣言するのは簡単ではありません。突然、「ノー」と言いはじめたら、「みんなに嫌われるのではないか」という不安感が心の中で頭をもたげ、「ノー」とは言えなくなるのです。

(6) 業務を押しつける人にとって〝都合のいい人〟にならない

でも、そうなると、楽をしたくて人に業務を押しつける人にとって、〝都合のいい人〟になってしまうだけです。それに内心気づいているので、心はイライラします。その苛々感が、業務姿勢にも表れてしまうのです。結果的に損をするのは自分ばかりになってしまいます。

不当に過剰な業務を背負い込まされる→業務負担が増え心が疲れる→イライラする→そのイライラを表に出して利用者を不安にさせる→評価が下がる、という悪循環にはまってしまいます。「ノー」と言えない状況が、業務レベル低下と評価の低下のスパイラル現象を起こしてしまうのです。そもそも、他の職員から業務を引き受けたのは、評価されたり感謝されたりするつもりであったはずなのに、かえって評価を下げ、感謝されない状況のなかに置かれてしまうのです。

自分自身がこの状況にある場合は、ためらいは禁物です。過剰な依頼や要求に対しては、即座に「ノー」との意思表示をするよう決意しましょう。

(7) 「ノー」の意思表示が宣戦布告にならないよう気をつける

ただし、その際には一点だけ注意が必要です。ネガティブな感情を込めて、「ノー」とは言わない、を大原則としてください。

苛立ち、怒りなどの感情を込めて「ノー」と言えば、相手は闘いの狼煙《のろし》を上げられたと判断します。例えば、「できません！」「ムリです！」「どうして私ばかりなんですか！」といった調子で意思表示をすれば、相手には、強い拒絶感だけが強調されて伝わります。宣戦布告と解釈されてしまいます。取り返しのつかない事態に発展する可能性があります。

ですから、「ノー」と意思表示する場合には、淡々と、そして、冷静に「すみません。せっかくの依頼なのですが、他に任されている業務があり、引き受けることはできません」と理由を明確に示しながら、伝えるようにします。一度だけではこちらの意図が理解してもらえず、また次の機会に何か業務負担を求めるような働きかけがある場合は、同じように丁寧に説明し、断ります。相手も何度か経験すれば、学習し、行動を改めるようになります。このような取り組みを積み重ねていけば、困ったときにはこの人に頼めば良いと安易な判断はされなくなります。平等な業務分担への道が拓かれていくのです。「ノー」という意思表示が、良心の呵責や罪責感を呼び起こす場合は、自分にこう言い聞かせましょう。

「業務はみなで平等に分担するのが鉄則。誰かが過剰に引き受ける必要はない。臨時の業務が生じたとき、『誰か引き受けてくれないか』という働きかけがあったとき、一番に手を上げなければならない責任は自分にはない」

こう自分に言い聞かせたうえで、しかるべき立場の職員が適切な方法で、割り振るべきものであるという考えを拠り所にし、平等性、公平性という観点から納得できない業務はおいそれとは引き受けないという姿勢を貫くようにします。自己中心的な姿勢やわがまま、怠惰から生じているのではない「ノー」というスタンスの場合は、何も恥じることはありません。このスタンスを貫くことが、むしろ、プロとしての責任といえるのです。心穏やかに働く職員となるうえで、もっとも大事なことの一つなのです。

⑻ 原因が自分のスキル不足にある場合もある

さて、不満感を露わにするという特性については、その出所となっている原因が、これまで示した要因以外にあるケースもあるので、注意が必要です。もっとも気をつけなければならないのは、業務に対する不満感が、自分の力不足から生じるケースです。具体的に言えば、「ある特定の業務が不得意である」「業務を行ううえでの技術が不十分な状況にある」「ある特定の利用者に対する接し方に自信がない」などが、業務への苛立ちや不満感を露わにする原因になっている場合があるのです。

その場合には、「業務を遂行するうえでの知識や技術を磨く取り組みに着手する」「特定の利用者への支援に困難を来たす場合は、よりよき支援を行うためのアプローチに取り組む」「同僚、先輩、上司などにアドバイスを請う」といった取り組みにチャレンジしなければいけません。

(9) 問題は不十分な自分を直視できないこと

問題は、ある特定の業務に関して苦手意識をもったり、うまく対応できない利用者がいたりすることではありません。もしプロとして恥ずべき点があるとすれば、十分にやり遂げられない業務があるのに、あるいは、うまく対応できない利用者がいるのに、何も行動を起こさない自分が今ここにいることなのです。社会福祉の世界で専門職として働いているのであれば、虚心坦懐《きょしんたんかい》に自分を見つめ、不十分なところを直視し、補うよう努めなければなりません。逃げの姿勢は禁物です。自分自身に毅然たる態度で向きあうことが求められるのです。

ある特定の業務あるいは利用者に対する苦手意識は、業務を選り好みする姿勢を生じさせるケースもあります。苦手な業務を避け、できると思う業務ばかりやろうとする姿勢です。この姿勢は、同時に、自己中心的姿勢も強めます。自分だけが楽ができればいい、自分にとって負担感のない仕事ばかりやろうという姿勢です。そして、楽な仕事ができないと、不満感を露わにするのです。誰かが、自分が負担感を抱く業務をやってくれないと、苛立

ち、怒りの感情を露わにするようになるのです。

このタイプの人は、業務の重要度や優先度も、自己中心的姿勢で解釈するようになります。自分が楽できるものを優先度が高い業務と判断し、自分にとって負担感の強いものや苦手なものは優先度が低いとみなすようになります。本当は苦手意識や技術不足のために、ある特定の利用者や業務から逃げているだけなのに、「優先度が低いからやらなくていい」とまさしく自己本位的な観点から決めつけてしまうことがあるのです。

⑽「小事に力を尽くす」アプローチで業務への取り組み方を修正する

もし、あなたが少しでもこのような姿勢を有しているとすれば、修正に向けて速やかに行動を起こさねばなりません。もっとも効果的な方法の一つとして紹介したいのが、「小事に力を尽くす」取り組みです。一見、些細なことで重要度が低いと思われる業務にも、心を込めて、思いを込めて、すべての力を尽くして、丁寧に取り組むというアプローチです。

このアプローチの神髄は、マザー・テレサが残したこのステキな言葉のなかに言い表されています。

「**大きなことをする必要はありません。小さなことに、大きな愛を込めればいいのです**（You do not have to do anything great. Just do a small thing with great love.）[1]」

小さいと思われていることを、心を込めて行う。大きな愛を込めて、小さいと思い込まれていることを行う。これこそ、まさに「小事に力を尽くす」アプローチです。重要度が高く見えるものばかり、あるいは、優先度が高く見えるものばかりに心を奪われるのではなく、些細で小さく見えるものにも、最大の愛をもって、心を尽くしていく。どんな些細に見える仕事にも手を抜かず愛を注ぐ。マザー・テレサが推奨するのはこういう姿勢です。

マザー・テレサは、誰が偉大な仕事をしているのか、という点についても重大な示唆を与えてくれました。取るに足らないように見える、小さく、些細なことに愛を込めて丁寧に取り組む人こそ、偉大な仕事をしているというメッセージを送ってくれたのです。世界をあっと驚かすような仕事だけが偉大なのではなく、心を込めて愛情を注いで取り組んでいることであれば、どんな仕事も偉大で、素晴らしい仕事なのだというメッセージを私たちにプレゼントしてくれたのです。

自己中心性の罠から解き放たれるためには、マザー・テレサの言葉に立ち返ることが必要です。任されたすべての業務が大切で重要な仕事なのです。その一つひとつを丁寧に愛情を込めて、やり遂げていくことが私たちに求められているのです。

7

仕事・業務に関する負の特性②

仕事に喜びややりがいを感じられずモチベーションが急低下状態にある

この特性に陥っている人は想像以上に数多くいます。働きはじめたときには、希望に満ち満ちていました。利用者一人ひとりとの出会いに大きな喜びを感じていました。毎日毎日が、新鮮で輝きに満ちていました。

「やっぱりこの仕事を選んで良かった」

そんな喜びにあふれる日々が続いていました。出勤するたびに、常に新しい発見、新しい出会いがありました。利用者に少しずつ役に立てる自分になっていることが実感できて嬉しい日々が続きました。

きっと、あなたも、今の仕事に就いたときには、同様の経験をしたのではないでしょうか。何もかもフレッシュで、出勤するのが楽しみで仕方なかったときがあったのではないでしょうか。公休の日には利用者のことを気にしている自分がいて、「どうして私、休みに利用者さんのことを気にしているんだろう」とつぶやきながら、思わず笑みを浮かべたこともあったのではないでしょうか。

そして、今はどうでしょう。それから数年が経ちました。十数年、数十年が経ちました。その、まさにあなたがこの本を手にしています。そんなあなたに、是非、聞いてみたいと思います。


「あの日、あのときの喜びは、今も日々の業務のなかで実感できていますか?」

(1) 働く喜びを自己採点する

働く喜びがどれくらい感じられているか、具体的に数字で示してみましょう。入社時の状況が10点満点として、現在は何点くらいになっているでしょうか。是非、考えてみてください。

答えが、「入社時が10点。そして、現在も変わらず10点です。いえ、それ以上かも」というものであれば、言うことは何もありません。極めて順調な職業人生を送っておられます。でも、もし点数を付けるのに少しでも戸惑いを感じる状況であれば、あるいは、「喜びですか。うーん、入社時が10点だとすると、今は5~6点というところでしょうか」という状態であれば、黄信号がつきます。4点以下の場合は赤信号が灯ります。しかも状況はかなり深刻です。働く喜びが感じられず、モチベーションが極めて低い状態に陥っている可能性が高いからです。

もちろん、賢明な読者の皆さんであれば、そのような状態にあっても、自分自身をうまく制御できているに違いありません。常に利用者の立場に立った、真心を込めた接し方を心がけておられるでしょう。どんなに経験年数を積み重ねても、自分が行っている業務が、流れ作業的に冷たいものになることなどないに違いありません。業務レベルが、時代遅れの古びたものになることもありません。喜びの度合いは多少の低下がみられたとしても、業務の内容やレベルはプロとして十分なものに保っているはずです。これが、まさにプロフェッショナルな職業人としてのあるべき姿です。

(2) 働く喜びの低下は業務低下をもたらす

ただし、私が多くの職場との関わりのなかで経験した厳しい現実を伝えなければなりません。働く喜びが低下した人には、業務内容もレベル低下を来たすという明確な特徴があります。しかも、少しずつではありません。一気に急降下し、浮上が困難になっているケースが圧倒的多数です。一度落ちたモチベーション、低下した業務内容やレベルの再浮上は容易ではありません。これが、私が現場から学んだ、ある意味では非常に残念な教訓であるのです。

あなた自身とあなたの職場で共に働く職員の状況はどうでしょうか。働く喜びが十分に得られず、それに伴い業務レベルや内容の劣化に至るという罠に陥っていないでしょうか。モチベーション低下状態の職員が不十分な業務を行ったり、不適切な接し方に手を染めたりする深刻な事態が発生していないでしょうか。もしそうであれば、可及的速やかに事態の改善に着手しなければばなりません。

(3) 他者の喜びの実現を最優先する

オススメの方法は、他者の喜びの実現を最優先するアプローチです。このアプローチを実行に移す際には、業務を通して、自分の働く喜びは追い求めないようにします。そんなことをしてしまったら、働く喜びが一切感じられなくなると思われるかもしれませんが、そうではありません。他者の喜びの実現を最優先するというアプローチに徹し、職員として接するすべての人が喜びに満たされるようになれば、それが、自分の働く喜びの実感につながっていくのです。結果的には、自分自身も大きな喜びに満たされるようになるのです。

では、具体的に誰の喜びを実現していくのでしょうか。いの一番にあがるのは、利用者です。一人ひとりの利用者が、職員であるあなたと接することで喜びが得られるようにしていきます。どのような場面で接するときも、常に利用者の喜びを最優先に考えます。そのためには、常に次の点を意識しながら、日々の業務に携わることが重要になります。

・どのような表情で接すれば、喜びを実感してもらえるか
・どのような態度や姿勢であれば、喜びの実感につながるか
・どのようなコミュニケーションの方法をとれば喜びの実感につながるか

・どのような手順や方法で支援（介護、保育、看護）を行えば、喜びの実感につながるか

家族に対するアプローチも同じです。どのような表情や態度で接すれば、喜びを実感してもらえるかを考えながら、触れ合う機会をもつよう心がけていきます。

(4) 例外なくすべての職員の喜びを優先する

続いて、共に働く同僚、後輩、先輩、上司、部下など、一人ひとりの職員の喜びの実感につながるようなアプローチにも、取り組んでいきます。その際の鉄則は、例外なく誰に対しても、です。どの職員に対しても、相手の喜びにつながる働きかけを貫くよう努めていきます。

これは、多くの人にとっては難題かもしれません。というのは、職場のなかには必ずといっていいほど、十分にコミュニケーションがとれない人がいるからです。信頼関係がうまく築けていない人がいるからです。ですから、何名かだけは例外にしてほしい、という思いを抱きたくなる気持ちはよくわかります。が、あえて、この取り組みは特別な事情がない限り、「例外なし」に行うという点を強調しておきたいと思います。

例外があるとすれば、過去において、他の職員からセクシャル・ハラスメント、パワー・ハラスメントなど、人権侵害行為といえるような被害にあったケース（現在、その被害を受けているケースも含む）です。この場合は、現時点では例外とみなし、このアプローチの対象者から外すことは差し支えありません。いつか落ち着いて向きあえるようになるときが来れば、そのときにこの取り組みにチャレンジすればよいのです。

具体的な取り組み方はシンプルです。共に働く職員が、喜びを実感できるような仕草、姿勢、態度を示すようにしていきます。相手の個性や特性などを踏まえながら、どのような接し方をすれば喜んでもらえるかを考えていきます。相手の気持ちが穏やかで安心感に包まれるような働きかけを心がけていきます。

例えば、勤務中、どんな表情や態度で他の職員に働きかければ喜びを実感してもらえるか、を考えるようにします。そのうえで、行動に移すよう心がけていきます。

こうした取り組みを地道に行えば、接する職員は喜びが実感しやすくなります。あなたとのちょっとした言葉のやりとりやあいさつ、アイコンタクトなどを通して、心が喜びで満たされていきます。あなたが喜びの実感のために心を尽くしていることが把握できるようになり、相手に安心感をもたらし、信頼感の醸成にもつながっていきます。

といっても、この取り組みによって相手の職員がどれくらい喜びの気持ちが湧き上がってくるかは個人差があります。喜びを実感していることが、外見ですぐにわかる人もいれば、わかりにくい人もいます。時間がかかる人もいます。ですから、ゆっくり時間をかけて取り組んでいくようにしましょう。大事なのは、この取り組みを期間限定にしないこと。あなたが職員として働く限り、継続し続けることをオススメします。

(5) 自分の喜びを優先すると自己中心性の罠に陥りやすい

そして、忘れてはならないのは、私たち人間の心の特徴です。自分の喜びを得ようとすると、自己中心性に根ざした自我（エゴ）が強く出やすくなります。自己中心的姿勢は物欲、名誉欲、金銭欲、地位欲、情欲、承認欲求などを生み出し、強化されていきます。欲求が少しでも満たせないとイライラしやすくなります。これらの欲求はコントロールが困難なうえに、エスカレートしやすい傾向が強くあります。つまり、どんなに物を得ても、金銭を得ても、地位を得ても、さらなる欲求を求め続け、永遠に満足できない状況に陥りやすいのです。エゴに基づくこれらの欲求には際限がありません。一時的に満足する場面があっても、すぐに欲求不満な状況に陥ります。

そうならないために、自分の喜びを最優先する姿勢を放棄するアプローチをオススメしたのです。喜び追求の姿勢を放棄すれば、無意識のうちに、自己中心的姿勢も手放せます。さまざまな欲求に駆り立てられ、隷属状態に置かれていた自分を、その支配下から解き放てます。他者の喜びの実現に専念できます。そうすることによって、福祉職員として大きな喜びが抱けるようになったことを、後でじっくりと実感できる

ようになるのです。

8 仕事・業務に関する負の特性③
過去の失敗経験にとらわれ自責の念に駆られやすい

この特性を示す人は、四六時中、過去の失敗体験に傷つき続ける傾向が強くあります。もうすでに終わったことであり、反省もしたし、同じようなミスを繰り返さないよう対策も考えたのに、「どうしてあんなことをしてしまったんだろう」と自分を責める姿勢をもち続けます。心の中が過去の失敗体験で埋め尽くされ、支配されている状況になっているのです。

この状況に陥ると、心はいつも過去の記憶に縛られた状態になります。過去の失敗体験を、今この瞬間に再体験させて、自分を責め立てる状況に陥ってしまいます。「ああしておけば良かった」「私は何をやってもうまくできない」と責め立て、批判し続けます。心はずっと、過去の失敗体験に支配されているので、今この瞬間、本当にやらなければならない業務に専念できなくなります。

その結果として、ミスを重ねる。利用者に十分なことができずに不興を買う。同僚職員からの信頼が得られなくなるという事態を招いてしまうのです。過去のことを思い出して、今の業務に集中できず、新たなミスを犯す。しばらくすると、またそのミスを思い出し、また新しいミスを犯してしまう。このような形で失敗に失敗を重ねる悪循環に陥ってしまうのです。

(1) 今この瞬間に心を集中する

この悪循環から自分を解放するには、今この瞬間に意識を集中するアプローチが有効です。今この瞬間に行っている仕事（業務）に細心の注意を払い、心を込める姿勢を保つようにします。過去の出来事が脳裏をよぎり、集中が難しいかなと思ったら、心の中でこうつぶやきます。

「私は過去に支配されない。私は、今この瞬間に集中する」
「過去は終わった。今は考えない。私は、今この瞬間に集中する」

こうつぶやくことによって、自分の意識を今自分が行っている業務に戻していきます。集中力を回復させるのです。

過去の失敗体験が心に浮かび、自責、自己批判、自己否定、罪責感などのネガティブな感情が生じてきたら、こうつぶやきます。

「大丈夫。もうそれは終わったこと。過去のこと。私はもうそのことを気に留めない」
「過去は終わった。だから大丈夫。私は今この仕事に集中する」

これらの言葉を何度か心の中で繰り返せば、過去の失敗経験のなかに引きずり込まれにくくなります。今この瞬間に自分を留められるようになります。

今この瞬間に意識を集中するアプローチの基本は、従事する業務への集中と真摯な姿勢です。一つひとつの業務に心を込めて丁寧に取り組んでいくようにします。直接支援の業務であれば、今この瞬間、目の前にいる利用者に集中するよう努めます。他の職員との関わりであれば、その人との関わりに集中するようにします。

(2) 過去の出来事が心に浮かんできたら、通り過ぎるのを静かに待つ

ただし、その際に絶対に完璧を求めないでください。集中しようと思っても、必ず、いろんな考えが心の中に浮かびます。これは当たり前のことであり、誰にでも起こることです。ですから、過去の失敗体験が心に浮かんできたとしても、がっかりする必要はありません。それは、ごくごく普通のことなのです。人の心というのはそうできているのです。無意識のうちにいろんなことを思い出させようとする習性があるのです。

最善の対応策は、過去の出来事が頭に浮かんでも、「気に留めない」というもの。そして、ただひたすら静かに「通り過ぎるのを待つ」のです。今この瞬間の業務に集中しようとしていて、何かの思いが心に浮かんだときは、こう心の中でつぶやきます。

「そうだ。人の心はそういうふうにできている。これは当たり前のこと。だから、私は気にしない。静かに通り過ぎるのを待つ」

そうすれば、知らないうちに、思いは消えてなくなります。心の中に去来する思いは、空に浮かぶ雲にたとえられます。雲はゆっくりと確実に流れていきます。これと同じで、過去の失敗体験も、通り過ぎるのを待てば、やがてどこかへ行ってしまいます。

時には、「いいえ、それでもできないんです」という意見を聞くことがあります。でも、よく話を聞いてみると、気にしてしまっているケースがほとんどです。

「また、この考えを思い浮かべてしまった。だから私はダメなんだ」

そんな反応を心の中でしてしまい、自己批判や自責感情に陥っているために、心から離れなくなってしまうのです。

⑶ 浮かんできた思いを優しく愛情をもって受け止める

もう一つの対応策は、浮かんできた思いを優しく温かい心で受け入れるという方法です。心の中に過去の失敗体験が浮かんできても、余計な物が出てきたと目くじらを立てないようにします。ただただ、浮かんできた過去の失敗体験を、優しい愛情あふれる心で受け止めるようにします。

「そうだね。確かにそんなことがあったね。でも、それはもう終わった。だから、もう大丈夫。思い出させてくれてありがとう」

これで対応終了です。後は静かにその思いが立ち去るのを待ちます。過去の体験ではなく、未来のことが頭の中に浮かび、心配で不安になるようであれば、「そういったことが起こるかもしれないね。でも、大丈夫。まだ起こっていない。だから、気に留めない」。そして、「ありがとう」といって、その思いを見送るようにします。

過去の出来事や未来への不安が頭に浮かんできたときには、無理に消し去ろうとせず、ウエルカムな姿勢で受け入れます。存在を認め、労《ねぎら》いや感謝の気持ちを表明したうえで、静かに通り過ぎるのを待ちます。この姿勢でいれば、思いは長居せず、静かに立ち去っていきます。過去にも未来にもとらわれずに今に集中できるようになります。心の主導権を自分がもち続けられるようになります。過去や未来に振り回されにくくなるのです。

このようにして、今この瞬間にいることができるようになれば、心は安心感に包まれます。今この瞬間に向きあっている業務に集中できるようになります。今、目の前にいる利用者や職員と落ち着いて接することができるようになります。過去の失敗経験の再現による後悔の念、あるいは、未来の業務に対する不安感から解放されるようになるのです。

9

仕事・業務に関する負の特性④
何事に対してもやる気が出ない

この特性のある人は、自分自身や仕事に対してネガティブな感情を強く抱く傾向があります。ネガティブな感情は人の心を傷つけるだけでなく、適切かつ的確な判断を困難にします。業務への集中力も低下し、ケアレスミスを繰り返しやすくなります。この状況が長く続くと、何事に対しても、後ろ向きで消極的な姿勢を示すようになります。自分や周りの人に対して、失望感を露わにするようになります。やる気が限りなくゼロに近い働きぶりになっていきます。

こうした姿勢で働かれると、周りにいる人たちも心穏やかではいられなくなります。ケアを受ける利用者は、極めて敏感です。目の前にいる職員が失望感に満ちた表情を見せれば、不安な気持ちに苛まれるようになります。

共に働く職員の心にも多大なマイナスの影響を及ぼします。失望感に満ちた表情で働く同僚をどう励ませば良いかわからず動揺します。自分の業務に専念できなくなります。

(1) 実は何事にもやる気が出ないとは限らない

もしあなた自身、あるいは、あなたの周りにいる職員が「何事に対してもやる気が出ない」状況に陥っているのであれば、まず頭の整理が必要です。この特性のある人は、すべてのことにやる気が出ないと思い込む傾向があります。でも、本当にそうとは限りません。本人は今、深い失望感のなかにあります。よく考えてみると、

「この業務であれば、テンションが上がる」
「この業務だったら喜びをもって取り組める」

といった業務が存在することがあります。自分自身を鼓舞し、やる気の向上につながる事柄は、自分が今、従事している業務のなかに見つけられることがあるのです。

(2) 業務の棚卸し作業にとりかかる

もし、自分が何事にもやる気が出ない状況にあれば、まずは自らの業務の棚卸し作業をオススメします。出勤してから退勤するまでに行うすべての業務をノートに書き出してみるのです。早出、日勤、遅出、夜勤などの勤務形態で働く人は、シフトごとに行う業務をリストアップして、

時間ごとにどのような業務を行っているか、〝見える化〟していきます。

書き出したリストにじっくりと目を通し、一つひとつの業務に対する自分の気持ちを思い浮かべてみます。そして、リストにある業務のなかで、「これは気持ちが和らぐな」「これはやる気をもって取り組めるな」と思う業務に印を付けていきます。この作業は、端的にいえば「すべてがダメではない」ということを確認する作業です。ですから、書き出した業務のなかで、どれくらい印が付いたか、気にする必要はありません。一つでも、やる気をもって取り組める業務が見つかればいいのです。その後に見えてくる世界は変わってきます。

(3) やる気向上につながる業務を意識しながら働く

そして次回の勤務から、印を付けた項目を意識しながら業務に携わっていくようにします。印を付けた業務に携わるときには、リストアップしたときの気持ちを思い出します。「あのとき、この業務はやる気をもって取り組めると思ったな」と強く意識します。そうすると、「何事にもやる気が感じられない」状態からの卒業が可能になります。「できることがある」ということを実感しながら、業務に取り組めるようになります。

いくつくらいやる気を感じる業務があるか、数は一切、問題ではありません。一つでも二つでもいいのです。「この業務はやる気をもって取り組める」というものがあれば、それが気持ちを切り替えていく突破口となります。後は、少しずつ、やる気の向上につながる業務を増やしていけばよいのです。

(4) すべてに完璧を求めない

ただし、重要な注意点が一つだけあります。すべての業務に対して完璧に高いモチベーションをもって取り組もうなどと、ハードルを一気に高くするような真似はしないでください。そのような意気込みをもってしまうと、完璧主義に走ってしまうからです。完璧主義に走ると、思うようにいかないことが一つでもあると許せなくなります。すべての業務が完璧に仕上げられなければ納得できなくなります。一つでも不十分な点があれば、すべてがダメ。そして、自責、自己批判、自己否定の感情を自分にぶつけるようになります。自分で自分自身を自信喪失の状態に追い込んでしまいます。

完璧主義の罠に陥ると、他者にもその姿勢を示すようになります。一点でも、完璧ではない部分があると、「ダメな人」というレッテルを貼ってしまいます。そして、それが実際に、言葉として、行動として、表に出やすくなります。相手に対して、「こんなこともできないなんて、信じられない」などといった批判的、否定的、叱責的言動を見せてしまうことがあるのです。人間関係に重大かつ深刻な亀裂をもたらす要因になってしまうのです。

(5) やる気をもって従事できる業務の存在を素直に喜ぶ

大切なのは、数に関係なく、やる気を感じる業務が自分にあるという事実を受け入れ、喜ぶ姿勢をもつことです。リストアップした結果、一つでもやる気を感じる業務がある場合、その事実を優しく受け止めます。やる気を感じる業務がある自分を受け入れて、認めるのです。この姿勢を貫き通します。

やる気が低迷して、自尊感情が傷ついている人は、ことさらに自分を悪く思ってしまう状態に陥っていることがよくあります。その状態から自分を救い出すことを、決して忘れてはいけません。

福祉職員として働く人のサポートを必要としているのは利用者だけではありません。共に働く職員だけではありません。自分自身も重要なサポート対象です。やる気のある業務が一つでもある自分を、優しく愛情をもって受け入れ、認めるようにするのです。

(6) やる気が出づらい業務には〝にもかかわらず〟の発想で心を込めて向きあう

では、やる気が出づらい業務は適当に済ませるのかといったら、そうではありません。特定の業務について、「やる気が出ないものがある」ことを、ありのままに認めるのです。そして、その後がとても大切です。たとえ、やる気が出ないものであっても、その業務は、丁寧に心を込めて取り組んでいきます。愛情をもって、心を尽くして取り組んでいきます。やる気が出ない業務がある、イコール、その業務が手抜き状態になる、という図式ではなく、やる気が出ない業務がある、にもかかわらず、心を込めて行う。そんな姿勢を示していくのです。

これこそ、まさにプロフェッショナルな姿勢です。人は完璧ではありません。不十分なところもあります。欠点もあります。しかし、だからといって、業務のパフォーマンスが低下してもいいというとらえ方はしません。〝にもかかわらず〟の精神で、最善の業務を提供していきます。例えば、今、何らかの理由で完璧なモチベーションの状態ではないとします。にもかかわらず、心を込めて愛情を込めて大切に業務が遂行できるから、私たちはプロだと呼ばれるのです。

(7)「○○だから○○できる」という業務姿勢の危うさ

実をいうと、「私はモチベーションが高い。だから、心を込めた業務ができる」というのは決して安心な状態とはいえません。そのなかに、多くの人が気づいていない危うい罠が潜んでいます。どのような業界、業種で働いていようとも、この世にすべての業務項目について、いつも完璧なるモチベーションで向きあえる人などいません。大半の業務は素晴らしい心がけであっても、いくつかの業務に関しては、心が揺らぐことがあります。

「私は○○である。だから、○○できる」の発想で業務に携わる習慣が身につくと、「私は○○である」という状態でなければ、望ましい業務パフォーマンスが示せなくなる場合があるのです。

大事なのは、たとえ、心が揺らぎ、モチベーションに陰りを見せるような事態にあっても、それを業務パフォーマンスに連動させないようにすることです。心が揺らいだ。モチベーションにも揺らぎがある。にもかかわらず、業務姿勢や業務レベルは常に高い状態にある。そのような職員になることが今、福祉の世界で働く人に求められているのです。

10 仕事・業務に関する負の特性⑤
頑張りすぎる

仕事や勉強など何事に対しても全力を尽くして頑張って取り組んでいく姿勢は、わが国では、長らく美徳とされてきました。この姿勢が、社会の発展や個人の成長に寄与した面があるのは紛れもない事実です。

しかし、二〇〇〇年を迎えた頃から、頑張りを礼賛する姿勢が多くの人の心と身体に深刻なダメージをもたらしていると警告されるようになってきました。

一般企業の会社員の場合、例えば、次のようなイメージで心が追い込まれることがあります。

A氏は某大学を卒業し、給与水準が高く待遇もいいといわれている、ある業界のトップ企業に就職しました。誰の目にも順風満帆なスタートでした。働きはじめると、社内はいつもピリピリしていることに気づきました。ライバル企業とのシェア争いが激烈で、上層部からは、「二番手はビリと同じ」と発破をかけられていました。トップ企業であり続けるには、一人ひとりがいつも全力で頑張るしかない。このような意識をもつことが当たり前の社風になっていました。

新卒のA氏もすぐにその社風を受け入れました。「頑張って当然」「頑張らない人には存在価値がない」などといった思いを強く抱くようになりました。そして、入社後、ずっと自分にプレッシャーをかけ続ける日々が続きます。休む姿勢は怠惰で悪だと思い込み、休みの日さえ仕事のことを考え、ゆっくりと心から休めない生活習慣が出来上がってしまいます。

そして、ある朝、ベッドから起き上がれなくなったのです。何とか頑張って家を出たのですが、通勤途中で気分が悪くなり動けなくなりました。駅のホームで少し休んで何とか出勤しますが、どうしても気力が出てきません。集中力に欠け、単純なミスを一日のなかでいくつも繰り返しました。先輩や上司から強い叱責を受け、その日の勤務を終えました。そして、翌日、どうしてもベッドから起き上がれない状態になってしまいました。目は覚めたのですが、身体が動かないのです。その日から、出勤ができなくなりました。

＊　＊

福祉の世界で「頑張りすぎる」特性を示す人も、こうした状況に追い込まれてしまうことがあります。「頑張る」のは美徳で、「正義だ」「正しい」と信じ込みます。「頑張れ、頑張れ」と自分を駆り立て続けるのですが、ある日、突然、力尽きてしまいます。バーンアウト（燃え尽き）状態に陥ってしまうのです。仕事面だけでなく、生活面においても、力が発揮できないパワレスネス（無力化）の状態に追い込まれてしまうのです。

(1) 燃え尽き発生の原因

では、なぜこうした事態が発生するのでしょうか。その原因は次のように整理できます。

第一の原因は、自己への際限なきプレッシャーです。「頑張る」姿勢には、限界に至るまで頑張り続けなければならないというプレッシャーを本人に課してしまう特徴があります。そのため、心身共に追い込まれやすくなります。これが、人を心理的、肉体的に疲弊させる原因になるのです。

第二の原因は、頑張る姿勢は必ず報われるものと思い込んでしまうことにあります。こうしたとらえ方は、物事がうまくいっているときには人に高揚感をもたらし士気を高める方向に作用します。ところが、一度でも失敗すると状況は一変します。強い自責感情を生み出すのです。「うまくいかなかったのは、自分の努力が足りなかったからだ」と自分を責めはじめます。客観的にみれば、十分に力を尽くしたうえでの結果であり、恥ずべき点など何一つないのに、「すべては自分のせい」と自己を責め続けて、心身共に自分を追い込んでしまうのです。

第三の原因は、要注目です。頑張る姿勢のなかに潜む知られざる副作用です。頑張る姿勢を長きにわたって自分に課し続けると、やがて、どんなに成果が上がっても成功や達成の喜びが感じられなくなるという副作用です。

何かにチャレンジし、頑張りはじめた初期状態では、いいことが続きます。頑張った結果、さまざまなことをなし遂げていきます。喜びを感じることができます。達成感を抱くことができます。しかしながら、頑張る姿勢は、さらなる頑張りを人に求めていきます。何かをなし遂げても、喜びは一瞬しか浸れません。すぐに、次の頑張りが、無意識のうちに要求されるようになります。

その結果、いつでも頑張り続けなければならない、といった強迫観念に縛られるようになります。頑張る自分でなければ、存在価値がないという思いを固く信じるようになるのです。

(2)「努力は人を裏切らない」という発想の危険な罠

このような状況に追い込まれると、「努力は人を裏切らない」という思いを頑なに信じるようになります。この表現は、一般的によく使われているものであり、必ずしも問題のあるものではありません。人を鼓舞し、成長を促す目的で使われ、効果を発揮することもあります。しかし、間違った使い方をすると、人の心に大きなダメージをもたらします。

典型的なのは、うまくいかなかったことを努力が足りなかったからだと思い込むケースです。現実的には、人の人生においては、どんなに頑張っても思うような結果が出ないことは多々あります。努力の如何にかかわらず、うまくいかないことはごく普通にありうる〝日常の風景〟なのです。ところが、「努力は人を裏切らない」を妄信し、強迫観念的なとらえ方をしてしまうようになると、「失敗するのは努力不足が原因だ」と、容赦なく自分自身を責め立てる傾向へと人を追い込んでしまうのです。

どんなに努力を積み重ねたとしても、成功だけの人生は送れません。必ず、うまくいかない瞬間や場面に遭遇します。努力が必ずしも思うような成果にはつながらないという現実に直面するときがあるのです。うまくいかない事態が発生したのは、手を抜いたからではありません。適切で的確な努力をして取り組んだことが、所期の目標を達成するには至らなかった。ただそれだけのことです。最善を尽くしたうえでの結果であり、何も恥ずべき点はないのです。

(3)「努力は人を裏切らない」は他責感情を生み出すことがある

ところが、「努力は人を裏切らない」と固く信じてしまうと、うまくいかない事態が生じると、自分の努力が足りなかったといった自責感情を抱きやすくなるのです。ただし、自責感情は必ずといっていいほど、他責感情を生み出します。これが「努力は人を裏切らない」という発想のもっとも恐いところなのです。

福祉職場で働く人のケースであれば、職場のなかでうまくいかない事態が発生したのは、「私だけの責任じゃない。他のメンバーの努力が足りなかったらからだ」と、そんな思いを強く抱きやすくなります。極めて残念なことに、「他者の努力が足りない」と批判する姿勢は、利用者にも向けられることがあります。何か思うような結果が示せないとき、その責任が利用者にあるかのような姿勢や態度を示すようになってしまうのです。介護や支援の場面で、「こんなに頑張って支援してあげているのに、思うように動いてくれない」「利用者の能力向上に向けて一所懸命手伝ってあげているのに、思うような成果を上げてくれない」などと上から目線の態度を向けやすくなるのです。思い通りに動いてくれないと自分が判断する利用者に対しては、冷淡、威圧的、指示的、叱責的言動といった不適切な姿勢を示すようになるのです。権利侵害とみなされかねない姿勢にエスカレートするケースさえあります。

(4)「頑張る姿勢」から自己を解き放つ

このように、「頑張りすぎる」姿勢はさまざまな負の影響を、自分自身にも、他の職員にも、そして利用者にも及ぼしてしまいます。それを防止するには次のような取り組みに着手しなければなりません。

まず取り組まなければならないのは、自分自身を疲弊させ、さまざまな悪影響をもたらす「頑張る」姿勢から自分自身を解き放つ取り組みです。

これは、努力をすべてやめるという意味ではありません。際限なくすべてに全力を尽くすのではなく、力の入れ方に強弱を付ける取り組みです。一日の業務のなかで、どの業務に重点的に取り組んでいくか、焦点を絞っていくのです。具体的には、勤務に入る前に、その日一日の自分自身の重点課題を明確にします。前日の業務実績、あるいは過去の業務実績を振り返ったうえで、重点的に取り組まなければならない課題を明確にしていきます。

例えば、

「認知症の利用者Ａさんが落ち着いて過ごせるようサポートする」

「自閉症のＢさんが活動に集中して参加できるようサポートする」

「同僚Ｃさんと利用者Ｄさんへの支援方法の見直しについて意見をすり合わせる」

こうした形で課題を掲げ、達成に向けた基本計画を立案したうえで、業務に取り組むようにするのです。重点課題を把握したうえで、業務に取り組めるようになれば、「あれもこれも頑張らなければならない」という姿勢から解放されやすくなります。

焦点を絞り込むのは、業務のクオリティを上げるための取り組みでもあります。「何でもかんでもすべて頑張る」という姿勢で業務に取り組むと、すべての業務が雑な取り組みになり、不十分なままで終わるというケースが見受けられるようになります。重点課題を絞り込めば、集中力が高まるので、業務達成のクオリティが高いものになります。日々、こうした取り組みを行っていれば、業務全般のクオリティが確実に上がっていくのです。

(5) 〝際限なき承認欲求〟の罠に気をつける

続いて、是非取り組んでほしいのは、〝際限なき承認欲求〟から自分を解き放つ取り組みです。〝頑張りすぎる〟特性を示す人は、「人の期待や要求に応えたい」「人からよくみられたい」という思いに縛られているケースが数多くあります。他者から承認されることを常に追い求める心理状態に追い込まれているのです。

承認欲求は、適切かつ的確な形で満たされれば、ポジティブな影響を人にもたらします。意欲の向上や成長につながります。働く喜びの実感にもつながります。しかしながら、承認欲求には、非常に強い負の側面が存在します。要求がエスカレートし、際限なく承認を求めるようになるという側面です。承認欲求がコントロール不能状態になると、何らかの実績を示し、職場内で認められる経験をしても、喜びはほんの一瞬で終わるようになります。「もっと認められたい」「私はこんなもんじゃない」などといった思いがすぐに心の中から湧き上がってくるからです。

際限なく承認を追い求めるので、いつまでたっても、心は満たされなくなります。不満感を抱きやすくなります。他者がどんなに自分の承認欲求を満たすために努力しても、満足できなくなるのです。「ありがとう」という言葉だけでは満足できなくなります。優しい言葉かけでは満足できなくなります。承認欲求の恐ろしさは、実はこの点にあります。他者がどんなに承認する気持ちや行動を示しても満足しなくなるのです。それが相手への不満感、苛立ち、怒りといった感情を生み出し、それが態度や姿勢に表れるようになります。人間関係トラブルの要因になってしまうのです。

(6) プラスの評価を他者に求めない姿勢を確立する

〝際限なき承認欲求〟をコントロールするには、他者から「認められたい」「よくみられたい」という思いを手放す手法が有効です。具体的にいえば、自分の働きに対して、プラスの評価を他者に求めない姿勢を、自分のなかに確立していくのです。

そもそも承認欲求がエスカレートするのは、何事に関しても常に他者からプラスの評価を得ようとする思いが心の奥底にあるからです。言い方を変えると、自己中心性から生じるエゴです。いつも他者からプラスの評価を受け続けていたいという思いから生じるものです。人からよく思われるというのは悪いことではありませんが、良い人かどうかを判断するのは相手です。どんなに素晴らしいことを行ったとしても、相手が必ずしも高く評価してくれるとは限りません。どのように評価するかという主導権は全面的に相手にあるわけですから、判断は相手に委ねるしかないものなのです。それを自分ですべてコントロールしたいと思ってしまうところが人間の弱さです。コントロールしようとしても結果的に思い通りにならないので、不満感が溜まってしまうのです。

だから、この思いを手放す必要があるのです。その具体的方法は、まず、宣言から入ります。

「私は自由に生きる。承認欲求に支配されない」
「承認の主体は自分にはない。だから、それをコントロールしようとしない」

心の中でこう宣言したうえで、行動を起こします。人から承認を求めるためでなく、ただ単に業務に専念する。この点を強く意識したうえで行動を始めます。今この瞬間、目の前にある仕事や業務を着実にやり遂げることだけに専念する。そう意識しながら、業務に取り組んでいきます。いつもより、動きをゆったりとしたものにすれば、集中力が高まります。呼吸を少し深めにすることも効果的です。深い呼吸で気持ちを落ち着かせると、今この瞬間、目の前にある業務に集中しやすくなります。

(7) 承認欲求が心の底から湧き出ても優しく受け止める

といっても、これで、完全に他者からプラスの評価を求める思いが手放せるわけではありません。承認欲求は、長年の生活や経験のなかで身につけたものですし、人間の根源的欲求の一つです。そう簡単には手放せません。ですから、完全放棄ができなかったとしても、慌てず騒がずでいいのです。

業務に取り組んでいるときに、「人は私のことをどう思っているのかな」という思いが少しでも頭をかすめたら、その思いを笑顔で受け止めるようにします。そして、心の中でこう自分に語りかけます。

「そうだよね。人のことが気になるよね。それは当たり前のこと。みんな同じ。でも、私はもうその思いに縛られない。私にとって大事なのは今の仕事に集中すること。それが私の喜び。そして、これが私の幸せのタネ」

こういう姿勢を示せば、「人は私のことをどう思っているのかな」という思いはあなたの心に留まりにくくなります。雲が流れるように通り過ぎていきます。霧が晴れるように、静かに消えていきます。

こうした姿勢で対応していると、ある日、ふと気づくときが来るでしょう。「人はどう思うのかな」という思いに縛られない自分がいることに。ただし、この取り組みには時間が必要です。あなたの時間的感覚で何かを変えようとすると、焦りの気持ちが出てしまいうまくいかずに終わってしまいます。ゆっくり、じっくり、のんびりと取り組むようにしましょう。

11

仕事・業務に関する負の特性⑥

いつも気忙しく落ち着きがない

（あれもやらなきゃ、これもやらなきゃと思い続けている）

いつも気忙しそうで落ち着きがない動きをする人には、周りに不安感をまき散らすという特徴があります。「あれもやらなきゃ、これもやらなきゃ」と慌てふためき、まるで忙しさを周りにアピールするかのような言動を示します。本人は心の底から「忙しい」と思い込み、それこそ慌ただしい動きをしているのですが、他の職員と比べて、極端に多くの仕事を担っているとは限りません。他の職員と業務量の差を比べてみると、特段、多いとはいえないことがよくあります。それどころか、やりこなした業務量をみると、他の職員よりも下回っているケースが少なくありません。

このタイプの職員は一つひとつの業務が雑で不十分という特徴ももちあわせています。利用者に対する口調もせわしなく急き立て口調であったり、指示口調だったりします。あるいは、声もかけずに、いきなり介護に入るなどといった不適切な姿勢を示すこともあります。

このタイプの職員によってマイナスの影響を受けるのは、まず利用者です。雑な業務のうえに、接遇も不適切。さらには、イライラオーラを出しながらの業務になるので、心穏やかではいられなくなります。

(1) 慌ただしい動きが行動障害を誘発、強化する

利用者のなかには、支援に困難を極める行動を示す人もいます。福祉領域ごとに呼び方が異なるのですが、行動障害、問題行動、要支援行動、気になる行動などと称される行動です。例えば、認知症の高齢者の場合、徘徊、もの盗られ妄想、不潔行為、異食、幻覚、幻聴、暴言・暴力などといった行動・心理面の症状（BPSD：Behavioral Psychological Symptoms of Dementia）を示すことがあります。これらは認知症に伴う記憶障害や判断力の障害等が誘因となるのですが、実はその人が置かれた環境が、行動障害の症状を引き起こしたり、悪化させたりするケースがあるのです。そして、大きな要因の一つとなるのが、支援に携わる職員の姿勢や心の状態です。もし職員が落ち着きなく気忙しい動きをすれば、利用者は平穏な状態で過ごせなくなります。

職員が、行動障害を引き起こす元凶にならないようになるためには、冷静さと落ち着き、心の平穏を保つことが必要になります。自分自身を気忙しさから解き放っていかなければなりません。気忙しさが、焦り、苛立ち、怒りなどのマイナス感情をもたらすと同時に、不安感を募らせるもっとも大きな要因となるからです。

(2) 気忙しさは人から愛する心を奪い取る

残念なことに、気忙しさには、際限なくエスカレートしやすいという特徴もあります。一度気

忙しさに心がとらわれてしまうと、焦り、苛立ち、怒りなどの感情は増幅の一途をたどります。人を他者に対する攻撃的言動に走らせてしまうことがあるのです。気忙しさに潜む、この危うい側面を強調するために、ケン・シゲマツは、その著書『忙しい人を支える賢者の生活リズム』のなかで、カトリック司祭トーマス・マートンの言葉をこう紹介しています。

「現代社会において最も浸透している暴力の形は麻薬でも、銃でもなく、多忙さだ[2]」

この言葉が発するメッセージは極めて明快です。暴力が社会を壊すように、多忙さが人から優しさ、思いやり、親切心、慈悲の心など、愛に根ざした思いと行動を奪い取っていきます。気忙しさは、人から愛する心を奪い取るだけでなく、攻撃的にしてしまうと警告しているのです。

アメリカ人牧師ジェームズ・ブライアン・スミスは、忙しい動きは「恐怖心に根ざした内的状態」によってもたらされると明言します[3]。「忙しく動かないと何かよくないことが起こるに違いない」「急がないと何かとてつもなくまずい結末が生じてしまう」「のんびりなんてしていたら何か悲劇的なことが発生してしまう」などといった何の根拠もない恐怖心が、人を気忙しさに駆り立てると指摘しています。実際には、ゆっくり冷静に動いても何ら問題はないのに、根拠なき恐怖心が人々を気忙しい行動へと急き立てていくのです。

(3) 気忙しさは感染しやすい

困ったことに、気忙しさには〝感染性〟が高いという特徴も備わっています。ある職員が気忙しい動きをしはじめると、他の職員も同じような心理・行動パターンを示しはじめます。瞬く間に、部署全体・チーム全体、ユニット全体あるいは職場全体に広まってしまいます。多くの職員が気忙しそうな動きをみせるようになります。

そのなかに、ゆったりした動きで業務を行う職員がいると、他の職員から極めて強力な同調圧力にさらされます。「ノロい」「あなたのせいで仕事が時間内に終わらない」「あなただけ楽をしている」などと批判の集中砲火を受けます。気の弱い職員が、気忙しさを標榜する職員集団の圧力にさらされれば、ひとたまりもありません。すぐに、白旗を揚げ、相手の軍門に降《くだ》ってしまいます。こうして、気忙しさという残念な絆でつながった職員集団が完成してしまうのです。

(4) タイム・マネジメント・スキルの習得を目指す

気忙しさから自分を解放するうえで、きわめて有効なのは、タイム・マネジメント・スキルの習得です。タイム・マネジメント・スキルとは、決められた時間のなかで最善の成果を上げていくためのスキルを指します。福祉の専門職はいうまでもなく、すべての職業人に求められる必須のスキルの一つです。

では、なぜこのスキルの習得が求められるのでしょうか。タイム・マネジメント・スキルが不十分な状態にある職員が多い職場は、次に示すような危うい状況に陥ってしまう可能性が高くなるのです。

タイム・マネジメント・スキルの習得が不十分な福祉事業所の特徴

(1) とにかく業務を早く終わらせることだけを優先するようになる

利用者第一の業務スタイルではなく、自分たちの業務をいかに先回りして早く終わらせるか、そればかり優先した業務スタイルに陥る。

(2) 一つひとつの業務クオリティー（接遇も含む）が低下する

利用者に満足してもらうことよりも、早く業務を終わらせることを重視するようになるので、業務の質が低下しやすくなる。

(3) 早く終わらせることを他の職員にも無意識のうちに〝強要〟するようになる

業務を早く終わらせる職員主導型の業務スタイルを、あらゆる手段と方法を駆使して、他の職員もマネするよう強要しはじめる。

(4) 利用者に強い不安感を与え、行動障害を誘発する

職員が気忙しく動く環境にあると、利用者の心に不安や動揺が広がりやすくなる。それが、行動障害を誘発したり、強化したりする原因になる。

(5) 事故、苦情を生み出す原因になる

タイム・マネジメント・スキルを、もちあわせていない職員は仕事が雑で、利用者への対応が不十分という特徴がある。そのため、いつ深刻な事故が発生したり、苦情が申し立てられたりしても不思議ではない職場環境が出来上がってしまう。

(6) 職員個々の業務満足度が低下する（士気低下に陥る）

ただ業務をとにかく早く終わらせることばかりを重視するようになり、仕事に対する喜び、やりがい、満足度が実感できなくなる。「なぜ私はここにいるのかな」「ここで働く意味は何なんだろう」などといった、不安感を抱くようになる。

(7) 職員が心身共に痛手を負いやすくなり、バーン・アウト・シンドローム（燃え尽き症候群）が発生しやすくなる

いかに時間を有効に使うか。この点について、スキルが不十分な状態が続くと、職員が心身共に追い詰められやすくなる。心身の不調を訴える職員数が増える。心理的に追い込まれ、バーン・アウト（燃え尽き）の状態になる。その結果、人的財産といえるような能力の高い職員がどんどん辞めていく〝人財〟流出現象が発生しやすくなる。同時に、力を秘めており将来を嘱望されていた職員が力を発揮できず、力を喪失し劣化状態に陥ってしまう、〝人財喪失・劣化〟現象が発生しやすくなる。

つづいて、タイム・マネジメントがうまくいかなくなる原因を紹介します。それは次のように整理できます。

タイム・マネジメントがうまくいかなくなる原因

(1) 知識不足、スキルの欠落

担当する業務に関して、知識が不足している。スキルが不十分な状態にある。知識不足、スキルの欠落のなかには、当然、タイム・マネジメント・スキルの欠落も含まれる。

(2) 段取り、手順が不適切

行き当たりばったり。思いつきによる業務遂行の罠に陥っている。各業務の重要度を的確に理解できていない。そのため、優先順位や緊急度の低いものに時間をかけてしまい、本当に重要な業務に時間がかけられない、という状態が生じてしまうことも少なくない。

(3) 業務内容の把握が不十分

自分は何をしなければならないのか、取り組むべき業務を十分に理解していない。一人ひとりの職員が、今、自分は「どのような業務を」「いつ（いつからいつまでに）」「どのような手順や方法で」「どのレベルまでやりこなしていくことが期待されているのか」、十分に理解していない状態にある。

(4) 業務分担が不明確

一人ひとりの職員がどのような役割を担っているのか、どのような形で業務の分担をするのか、役割分担が曖昧な状態にある。そのため、一人でできる業務を二人で行ってしまったり、二人で行うべき仕事を一人で行う状況になったりするなどの不具合が生じる。結果的に、時間内にうまく業務がこなせない（あるいは、こなせたとしてもやり方が雑）といった状況が生じやすくなる。

(5) タイム・マネジメントの重要さが職場全体で共有されていない

タイム・マネジメントの大切さが、新しく入ってきた職員に教えられていない。先輩たちも、良き手本が示せていない。この状況が放置されれば、職場全体が、時間を有効活用できない状況に陥ってしまう。何か新しいことにチャレンジしようとしたり、改善に取り組もうとしたりすると、すぐに「そんなこと、忙しくてできるわけがない」の大合唱が始まる組織になりはててしまう。

これらの原因のうち、どれが自分たちの職場に当てはまるかがわかれば、対策が講じられるようになります。「(1)知識不足、スキルの欠落」がみられる場合は、知識や技術の習得に向けた取り組みにとりかかります。「(2)段取り、手順が不適切」な場合は、業務の段取りや手順を見直す作業を始めます。「(3)業務内容の把握が不十分」な場合は、「どのような業務を」「いつ（いつからいつまでに）」「どのような手順や方法で」「どのレベルまでやりこなしていくのか」、明確にする取り組みに着手します。「(4)業務分担が不明確」な場合は、打合せの時間や申し送り等の時間を活用し、業務分担を明示したうえで、業務に携われるよう工夫していきます。「(5)タイム・マネジメントの重要さが職場全体で共有されていない」場合は、タイム・マネジメントをテーマとした研修を職場内で開催します。そのなかでタイム・マネジメントの意味と重要性、そして、時間を有効に活用するための留意ポイントを学べるようにします。

(5) タイム・マネジメント・スキル習得に向けた個人レベルでのチャレンジ

最後に、一人ひとりの職員が、個人レベルでタイム・マネジメント・スキルの習得にチャレンジするための具体的手順と方法を紹介します。

タイムマネジメント力の習得に向けた個人ワーク

(1) 7センチ×7センチの大きさの付箋紙を20枚から30枚ほど準備します。

(2) 出勤してから退勤するまでに行う日常の定型業務を、付箋紙に書き出します。その際には一枚の付箋紙に一業務書き出すようにします。その業務を行うおおよその時間（あるいは時間帯）を書き込んだうえで、業務内容を書き込みます。例えば、「10時～10時半音楽レクリエーション活動」といったイメージで記入していきます。

(3) 記入し終えた付箋紙を机の上に並べます（カベに貼り出す、あるいは、ホワイトボードに貼り出すという形でもOKです）。しばらく、全体を眺めます。

(4) そのうえで、分類作業にとりかかります。付箋紙を、①高いレベルで時間内に十分にこなせていると思う業務、②時間内に終わっていないが、高いレベルで実施できている業務、③高いレベルとはいえないが時間内にこなせていると思う業務、④時間内に終わらないし、高いレベルで実施できているとはいえない業務、の四つに分類します。

(5) 分類した付箋紙を眺め、そのなかから、すぐに取り組むべき、課題を一つだけ選び出します。

例えば、「④時間内に終わらないし、高いレベルで実施できているとはいえない業務」に分類されていた、「利用者Ａ氏への食事介助」をピックアップし、すぐにとりかかるべき課題とします。

(6) 選び出した課題について、その原因を探ります。

なぜ、うまくこなせていないのか、なぜ不十分な状況に陥っているのか、なぜ時間内にこなせないのか、時間内に何とかこなしているのだがなぜ不十分な状況に陥っているのか、等といった点について原因を探ります。

(7) 具体的な解決策を立案し実施します。

原因を踏まえたうえで、解決案を作成し、実施していきます。

［引用文献］
（１）片柳弘史、Ｒｉｅ『世界で一番大切なあなたへ――マザーテレサからの贈り物』ＰＨＰ研究所、２０１５年
（２）ケン・シゲマツ『忙しい人を支える賢者の生活リズム』いのちのことば社、２０１５年、49頁
（３）ジェームズ・ブライアン・スミス『エクササイズ――生活の中で神を知る』２０１６年、３０４頁

第4章

自分に向きあう

—あなた自身のなかに
人が遠ざかる負の特性が潜んでいないか—

1

自分自身に関する負の特性①

ネガティブな感情を抱くことが多く、その感情に振り回されやすい

（感情の起伏が激しい）

この種の特性を示す人は、怒り、苛立ち、憎悪、嫉妬など、ネガティブな感情に心が完全に支配される状態にあります。もちろん、常にこれらの感情を露わにしているわけではありません。普段は、苛立ちや焦りを感じても表に出さないよう努力しますが、ちょっとしたきっかけで表に出てしまうときがあるのです。

そのときには、他の職員に聞こえるような形で、否定的な言動を示したり、怒りや苛立ちを表すボディアクションを示したりします。一度、ネガティブな感情にとらわれると、すぐには収まりません。その日一日、イライラオーラを出しながら働いてしまうことがあります。あるいは、半日くらい、怒りを露わにした表情や態度で働いてしまうこともあります。

この特性のある職員と一緒に働く同僚は心穏やかではいられません。たとえ、今は落ち着いているように見えても、いつまたネガティブな感情を爆発させるか、気が気でないからです。「また怒り出すんじゃないか」「またイラつくんじゃないか」と思ってしまうからです。

もし自分にこの特性があるとすれば、早急に行動を起こさなければなりません。周りの人に不安感を与えない職員になるために、自分の感情をうまくマネジメントする方法を学ぶ必要があり

ます。不安感を与える状況が長引けば、人の心は離れていきます。信頼が得られない職員になってしまうからです。

(1) 気づきと受容の技法を身につける

ネガティブな感情に振り回される自分への〝処方箋〟として、まず取り組んでいただきたいのは、「気づきと受容の技法」です。これは禅やそれをもとに発展したマインドフルネスなどでよく用いられる技法を応用したものです。静かに心を落ち着けようとして、目を閉じると、必ず人の心にはさまざまな思いが浮かんできます。その思いを優しく受け止め、穏やかな心のままで、浮かんだ思いが立ち去るのをゆっくりと待ちます。そして、心への集中力を高めます。

方法は簡単です。ネガティブな感情が心に浮かんだ瞬間に、その感情の存在に気づき、受け入れます。何となく感じられるという気配のレベルのときでも、「どうやら、何かイライラした気持ちがあるようだ」と意識するようにします。自分の心の中に生じた、あるいは、生じつつあるネガティブな感情を、意識し、その存在に気づくようにします。その際には、心の中でこうつぶやくと効果的です。

「あっ、今、私、怒りを感じている」

「今、私、困ったなって感じている」

「今、私、嫌だなって感じている」

ここでつぶやくのは感情だけです。特定の人に対するマイナスの感情であっても、誰に対してと入れる必要はありません。その感情だけを心の中でつぶやけばよいのです。そのうえで、自分に優しく愛情を込めて、心の中で、こう語りかけます。

「そうそう、そう感じている。人間だもの、完璧ではない。そうそう。今、怒り（**苛立ち、嫌悪感、嫉妬心**）**を感じている自分がいる。ただ、それだけ。そう、ただ、それだけ」**

この場合、最後のフレーズ、「ただ、それだけ」はとても重要です。自分に対して、もうこのことは大丈夫、安心してくださぃ、と語りかけるメッセージです。最後に、「ただ、それだけ」と心の中でつぶやくことによって、思いを静かに、解き放ちやすくなります。

「気づきと受容の技法」は、ある意味では心の中に芽生えたネガティブな感情を、ちょっと距離を置いたところから客観的な視点で見る手法です。距離を置くことによって、冷静にみられるようになります。イメージ的には、どこか高いところにいる自分が、自分の姿を上から穏やかな面持ちで眺めるというイメージです。

(2) 決して自分を責めない、批判しない

その際に、もっとも重要なのは、どのようなネガティブな感情を抱く状況に気づいても、決して批判したり、責めたりしないようにすることです。自己批判や自責などの〝裁く〟行為は、百害あって一利なし、です。そのような姿勢を示した瞬間、心は思いを封印し、見えないように隠します。誰の心もそうです。心は、批判されたり、責められたりするのが苦手です。「今、批判されている」「責められている」と察知すると、心の中にあるネガティブな感情を即座に隠しにかかります。その感情を、自分から見えないように隠してしまうのです。といっても、マイナスの感情がなくなるわけではありません。マイナスの感情は生まれ続けます。が、大きくなり、爆発的エネルギーをもつまで気づかせないように隠してしまうのです。

こうした事態を防ぐためには、細心の注意を払った対応が必要です。ネガティブな感情に気づいたら、ただその存在を冷静に認め、受け止めるようにします。決して批判せず、責めず、否定せずに、あるがままに受け止めます。

(3) 温かい目で冷静に感情を受け止める

ポイントは、抑え込むのではなく、温かい目で冷静に受け止めること。ネガティブな感情が自分のなかに生じていることを優しく認めるようにします。

こうやって、冷静にただ受け止めるという姿勢をとることができるようになると、その感情に振り回されにくくなります。感情をうまくコントロールする自分に向かって前進できます。

「気づきと受容の技法」がうまく使いこなせるようになったら、頃合いをみて、「この前、イライラしていたけれど、何が原因だったのだろうか」と考える取り組みに着手しましょう。感情がコントロールできる状態で原因を探れば、見つかった原因に対しても冷静に向きあえることになります。「あー、そうか。私、これで怒っていたんだ」と静かに向きあえるので、対応策も講じやすくなるのです。

(4) バッド・ニュース・メッセンジャーになっていないか

マイナスの感情に振り回される人には、他者に対して、「バッド・ニュース・メッセンジャー」（悪いニュースの配達人）になってしまっているという共通点があります。[注1] 本人はまったくそのつもりはないのですが、口を開くと、出てくるのはバッド・ニュース（悪い知らせ）ばかり。ニュースを受け取る人の立場からいえば、心が折れそうになったりする話ばかりの状態になっているのです。マイナスの感情に振り回されると、心の制御が困難になり、気がつくと、〝一流〟の「バッド・ニュース・メッセンジャー」と化してしまう場合があるので要注意です。

バッド・ニュース・メッセンジャーの得意技は、伝聞系の話法による悪い知らせの伝達です。「○○が△△と言っていた」という伝え方をします。

例えば、管理監督者の立場にある直属の上司が介護現場の業務レベルに対して問題だと思っていることを耳にすると、それを「上司が現場の業務レベルに問題があると言っていた」と伝聞系の話法を用いて伝えるのです。

こうした伝聞系の伝え方には、大きな問題が潜んでいます。上司の発言のごく一部、しかも、現場に対する厳しい指摘の部分だけが切り取られ、伝えられている点です。そのため、聞き手は「上司からすべてを否定された」との思いを強く抱きやすくなります。対立関係を生み出す元凶となるのです。

実際には、上司の発言は職員への感謝とねぎらいの気持ちを表明したうえで、改善点や課題の指摘をしていたものであったとしても、メッセンジャー役の職員がこの肝心要の部分を端折《はしょ》ってバッド・ニュース（悪い知らせ）ばかり強調して伝えてしまうと、聞き手にとっては、心折れる伝達事項になってしまいます。その結果、次のような反応をしてしまいます。

「上司はひどい。現場のことを何もわかっていない」
「まったく、あんまりだ。上司は私たちが一生懸命努力していることを認めようとしない」
といった具合に、反発心を抱くようになってしまいます。

(5) 怒りはバッド・ニュース・メッセンジャーにも向けられる

その後も、バッド・ニュース・メッセンジャーとして「上司がこんなことを言っていた」と、耳が痛いニュースばかり他の職員に運び続ける行動を繰り返していると、風向きは確実に変わります。繰り返し何度も、耳が痛いニュースを運んでくるメッセンジャーに対して、強い不快感や苛立ちを抱くようになります。「この人はいつも自分たちに嫌なニュースばかり運んでくる」という見方が固まり、明確な形で避けられるようになります。意思疎通ができない関係になってしまうのです。

もし、バッド・ニュース・メッセンジャーと化している人が現場の実践リーダーという立場であれば、他の職員にとっては、身近なところにいる人のために反発姿勢が激化します。「うちのリーダーは、問題点や課題を指摘してくるけれど、私たちのことを全然守ろうとしてくれない」と反発心を露わにしはじめます。

そして、「リーダーは上司が『ここは問題だ』と言っていたと伝えるだけで、それをどう解決していくか自分の考えを示してくれない。まるで、私たちに『自分たちで解決してよ』と丸投げされているみたいに感じて嫌だ」といった苛立ち感を募らせていきます。

こうして、心は完全に離れていきます。リーダーに必要とされる人望はゼロの状態と化してしまうのです。

こうした事態を防ぐためには、次のような取り組みに着手しなければなりません。

バッド・ニュース・メッセンジャー卒業のためのポイント

(1) 常日頃から、共に働く職員に感謝と敬意の念 そしてねぎらいの気持ちを伝えるよう心がける

これは信頼関係を築き上げるための基本中の基本です。他者に対する感謝と敬意とねぎらいの気持ちは、以心伝心で伝わることはありません。声に出して伝えます。メモに書いて感謝の気持ちを伝えるといった努力の積み重ねが必要になります。

(2) グッド・ニュース・メッセンジャーになるための行動を起こす

これは共に働く職員に安心感と自信を与える重要なアプローチです。何かを伝えてくれる職員の伝達内容が、耳心地が良くて、心に安らぎを与えたり、気持ちを楽にしてくれたりするものであれば、聞き手の職員の心は穏やかになります。仕事に対する姿勢もポジティブになります。たとえ、今、大きなストレスにさらされていたとしても、安らぎが心に実感できるような働きかけを受けていれば、落ち着いて業務に携わることができます。モチベーションが高いレベルに維持できます。グッド・ニュース・メッセンジャーとして安らぎにつながる情報を伝えた職員に対する信頼感も確実にアップします。耳心地のいいグッド・ニュースは、人の心を穏やかにし、安心感をもたらします。さらには信頼関係を高める特効薬となるのです。

だからこそ、他の職員との関わりのなかでフル活用することを強くオススメします。さまざまな機会に、グッド・ニュースの提供に努めます。

例えば、管理監督職員から現場職員の働きぶりについて、プラスの評価をもらったときは、なるべく早い機会に、「こうした感謝とねぎらいの言葉を上司（施設長、社長、理事長、部長）からいただきました」と伝達するよう努めます。家族から感謝の気持ちが伝えられた場合も同様です。早急に、他の職員に伝えるようにします。自分たちの働きに対してプラスの評価をする人がいることを知るのは、最前線で働く職員にとっては、何物にも代えがたい大きな喜びになります。「この仕事をしていて良かった」と、強く感じられるようになります。このような形で喜びを感じる状況にあれば、たとえ厳しい指摘を他者から受けることがあったとしても、折れない心をもち続けられるようになります。

(3) バッド・ニュースの伝え方を工夫する

耳が痛い知らせを伝えなければならない場合は、伝え方に工夫を凝らします。とりわけ、工夫が必要なのは、現場における業務手順や方法について、管理監督者である上司から厳しい指摘を受けたケースです。この場合、留意すべきポイントは 132 頁の四点に整理できます。

バッド・ニュース伝達時のポイント

(a) いきなり職員にバッド・ニュースを伝えるのではなく、まずは日頃の働きぶりに感謝とねぎらいの気持ちを明確に伝える

バッド・ニュースの伝達から始めると、聞き手である職員の心と身体は、交感神経がフル稼働の状態になり緊張モードに入ります。ゆとりをもって冷静に話が聞けなくなる可能性が高くなります。こうした事態を防ぐために、ポジティブなコメントから切り出し、心穏やかに安心して話が聞ける状況を作り出すようにします。

(b) 伝達系の伝え方ではなく、事実の指摘から始める

上司から何らかの厳しい指摘を受けた場合は、即座に他の職員に伝達するのではなく、それを直接伝え聞いた自分がまず引き取ります。その内容をじっくりと吟味し、どのような問題や課題が指摘されたのかを正確に把握するよう努めます。そのうえで、他の職員に、チーム内にどのような改善すべき点があるか、修正すべき点があるかを伝えるようにします。

その際には、どのような“事実”が具体的にチーム内に存在するか、を伝えることに集中します。例えば、「いつもではないですが、時々、利用者への言葉遣いが『ほら、危ないから立たない。ダメ、ここに座っている！』と指示的、命令的になっている場面を見かけることがあります」と事実が明確に伝わるような伝え方を心がけていきます。

(c) 事実に対する自分の思い（アイ・メッセージ：I-message）を伝える

事実を伝えたうえで、その状況について自分はどう思うか、自らの気持ちを伝えます。コミュニケーション技法でいえば、アイ・メッセージを伝えるようにします。自分の見解をメッセージとして相手の心に届けています。利用者に対する不適切な言葉遣いに問題がある場合は、「権利侵害とみなされる可能性があり、油断をすれば名指しで通報される可能性もあるので、速やかに修正すべきだと、私は考えます」と自分の見解を明確に伝えるのです。そのうえで、管理監督者である上司も、この残念な状況を把握しており、強い懸念を抱いているという事実、そして、速やかに修正すべきだと考えているという事実を伝えるようにします。自分の考えを優しく思いやりある形でアイ・メッセージにして伝えたうえで、上司の思いを伝達すれば、職員もその思いを冷静に受け止めやすくなります。

(d) 解決に向けた見通しを示す

これら三つの取り組みに着手したうえで、最後に改善に向けた見通しを示します。情報伝達側の職員がリーダー職員の場合であれば、改善策をあらかじめ用意して示す場合もありますし、一緒に考えていこうと協働作業を働きかける場合もあります。どちらの場合も、聞き手の職員は、安心して話が聞けます。一緒に責任をもって解決に向けて行動を起こそうというメッセージが伝わってくるからです。こうした姿勢を示せば、職員間に揺るぎなき信頼関係が築き上げられるようになります。

2 自分自身に関する負の特性②
自己卑下感が強い

この特性を示す人は、自分を必要以上に卑下する傾向が強くあります。「私は何もうまくできない」「私など人前で発言する資格などない」「私には何もとりえはない」と、自分自身の存在価値を否定するような姿勢を示すのです。

自己卑下は、ある種の「逃げ」の姿勢から生じる場合があります。もし「私はいろんなことがうまくできる」という自己認識を抱くようになれば、〝うまくできる〟自分になるための行動を起こさなければならないというプレッシャーにさらされます。そのプレッシャーから逃がれようとして、自己卑下的姿勢を示すようになるケースがあるのです。

その他の自己卑下的言動も、発生メカニズムは同様です。「私など発言する資格がない」という思いが「私は発言する資格がある」という自己認識に転じれば、発言するよう自分を鼓舞しなければならなくなります。発言後には、自分の意見に対する他の職員からの質疑にも対応を余儀なくされます。人の話を聞くだけの状況から、主体的に発言し、質疑に対応する状況になれば、さまざまなプレッシャーにさらされます。そんなプレッシャーから逃れたいという無意識の思いが、「私など発言する資格などない」という思いを生み出すことがあるのです。

「私なんか何もとりえがない」という思いにも同じことが当てはまります。「私にはとりえがある」という自己認識をもてば、とりえを披露しなければならない場面への備えが必要になります。となれば、とりえと呼べるものを習得したり磨いたりする努力が求められます。「とりえを磨くなんて、私には到底できない」などといった思いが、「私なんか何もとりえがない」という自己認識に自分自身を留めてしまうことがあるのです。

もちろん、原因は〝逃げ〟ばかりとは限りません。さまざまなプレッシャーで押しつぶされそうになり、「私なんて何もできません」とつい自己卑下的言動に走ってしまう場合もあります。この場合は、自分自身をこれ以上のプレッシャーから守るための行動といえます。もちろん、他の手段に訴えることもできます。他の職員に、「今、すごく心に重くのしかかることがあり、これ以上の業務負担をすることはできません。ですから、今は、この部署で任されている業務に専念させてください」といった形で、これ以上の業務が引き受けられない状況を伝えることはできます。が、職場環境によっては、それが伝えられない場合もあります。そういうケースでは回避行動に出ることが余儀なくされてしまうのです。

さて、あなたの場合はどうでしょうか。もし少しでも自己卑下感があるとすれば、その行動はあなたのなかのどんな状況から生まれてきたものなのでしょうか。「逃げ」の姿勢から生じているのであれば、今すぐに、自己卑下感から自分を解き放つ取り組みに着手しましょう。その姿勢を貫く限り、自己成長が図れなくなります。成長が果たせなければ、仕事に対するモチベーションは上がりにくくなります。仕事から得られる満足度、すなわち、職務満足度も高いレベルで実感できなくなってしまいます。

忘れてはならないのは、「逃げ」の姿勢で発するようになった自己卑下的発言は、単なる発言では終わらないという事実です。その発言を耳にする周りの人にもマイナスの影響を及ぼします。頼れる人との印象を周りの人に与えられないので、人が一人また一人と距離を置くようになり、孤立するといった状況が生じやすくなってしまうのです。

(1) 自己卑下感は現実化する

しかし、一番の悲劇は他にあります。自己卑下感が現実のものになってしまうのです。「私は何もうまくできない」「私なんか人前で発言する資格などない」「私には何もとりえはない」と思っていることが現実化してしまうという現象が発生するのです。

社会学者R・K・マートンがいうところの「予言の自己成就」が発生するのです。マイナスの期待が、気づいたときには成就し、その通りになってしまうという現象が生じてしまうのです。マイナスの願いは、抱いた瞬間に、かなう方向へとただひたすら爆走してしまいます。努力や工夫なしにかなってしまうという恐ろしい一面があるのです。

だからこそ、福祉の世界で働く私たちは、固く心に誓わなければなりません。予言が自己成就するような状況は食い止めていかなければなりません。自己卑下感の払拭に向けた決意と行動が

求められているのです。自分のなかでも、共に働く職員のなかでも、完全防止を目指していかなければなりません。

(2) 大切な自分から大切な自分にポジティブなメッセージを送り届ける

具体的な取り組みとしてオススメしたいのは、自分へのポジティブなメッセージの発信です。自分に対する信頼と希望と愛が実感できるメッセージを送るようにします。方法はいろいろあります。気持ちが安らかになり、力が湧き出てくるメッセージをノートにしたため自分に送り届ける方法があります。あるいは、どこか静かなところで、声に出してつぶやくという方法があります。例えば、このようなメッセージを自分自身に送るのです。

「そう、人生はいろいろある。苦しいことも辛いことも。でも、私は大丈夫。私は私を信じ続ける。そして、一つひとつ、今、しなければならないことに集中する。そう、私はできる。大丈夫、いつも私は私を応援し続ける。だから心配しないで。私はいつも私のそばにいる」

このようなメッセージを送り続けます。気恥ずかしく思う人がいるかもしれませんが、ご安心ください。誰にもこのメッセージは見せません。大切な自分に対する、大切な自分からのメッセージです。だから、何も心配する必要はありません。大切な自分へのメッセージを穏やかな心で送り届けるようにしましょう。

(3) 不安と恐れを客人としてもてなす必要はない

人は不安と恐れを無意識のうちにパートナーとしてしまう心の特性があります。支配され、自分を苦しめてしまう存在であるのに、心の中にキープしてしまうことがあります。

騙されてはいけません。不安と恐れは私たちの大切な友ではありません。不安と恐れをどんなに心の中で大切にしても、生きる喜びは湧いてきません。何かよいことが私たちのなかに生まれることもありません。私たちの寿命が延び、永遠の命につながるような健康効果も期待できません。何かいいことを私たちにもたらすことなど一切ない存在なのですから、不安と恐れには心から静かに立ち去ってもらうようにしなければなりません。多くの人は、間違って、不安と恐れを客人として心の中で招き入れ、もてなしてしまっていたのです。その結果として生じていたのが、自己卑下感であったのです。

(4) 信頼と希望と愛を自分に送り続ける

自己卑下感の呪縛から自己を解き放つもっとも有効な手段は、信頼と希望と愛を常に自分に送り続けることです。確実に送れるようになれば、不安と恐れは私たちのもとから離れていきます。自分に対して信頼感を抱きながら生きる自由が、自分に対して希望をもって生きる自由が、そして、自分を大切にし、愛を実感しながら生きていく自由が手にできるようになるのです。

3 自分自身に関する負の特性③

自己顕示欲が強い

自己顕示欲にとらわれた人は、他者に対して、自分の存在を際立たせようとする特性があります。実際の力以上に、自分ができているかのように見せる特徴も併せもっています。

この特性を示す人が何よりも好きなのは、今、目の前にいる人たちのなかで、注目が浴び続けられる立場にあることです。そのためには、ありとあらゆる手段を駆使します。何としてでも、所属する集団のなかで、センターステージに立とうとします。頻繁に用いる手段は次の通りです。

- もっていない力を有しているかのように装う
- できないことをできるように装う
- 何でも知っているかのように、何でもできているかのように装う

または、次のような手段に及ぶ場合もあります。

・**頼まれてもいないのに、自分の範疇《はんちゅう》ではない役割を担おうとする**（が、実際には、力不足で担えないので、ポーズだけで役割を果たせずに終わる。結果的に多くの人に迷惑をかける）

・**他の人たちが話し合っているなかに突如として入っていき、話し合いをコントロールしようとする**（が、実際には、話し合いのテーマに沿った話ができず、混乱させるだけ。話がかき回され、何も決まらずに終わる）

・**話し合いで決まりかけたことを、ぶち壊しにするような意見を言って、注目を集めようとする**（結果的には、参加者の怒りを買ったり、落胆させたりするだけに終始する）

このタイプの人は、強いプロ意識と覚悟をもってセンターステージに立とうとしているわけではありません。何らかの強い飢餓感によって突き動かされ、自己顕示的行動に走っているケースが数多くあります。何らかの強い衝動で「注目を浴びたくて仕方がない」「センターステージに立ちたくて仕方がない」状況に追い立てられているのです。自己顕示が「やめられない」「止まらない」状況に陥っているのです。

この状態は、依存症的状況と表現してもよいかもしれません。本人は、他者の注目を浴びようとする衝動を抑えられない状況にある。注目が得られなければ、強い不安と焦りで動揺してしまう「他者注目依存」の状態に陥っていると表現できます。あるいは、集団のなかで、みんなの真ん中に立って視線を浴びたい「センターステージ依存」と言い表すことも可能です。

(1) 愛情への飢餓感が自己顕示性をもたらす

自己顕示欲の強い人は、なぜこうした状況に追い込まれるようになるのでしょうか。私はこれまで福祉の現場でこの傾向を示す人に何人も出会った経験があります。そのなかで特定できた原因の一つは、愛情に関する飢餓感情です。彼らには、福祉の世界で働く以前の人生経験のなかで、「大切にされなかった」といった不満感を抱く共通点がみられました。

愛情への飽くなき飢餓感が「自分は何をやってもダメ」「自分には足りないところがたくさんある」といった不完全感や劣等感などを生み出し、自尊感情が傷つきます。そうした状況のなかにあっても何とかして「愛情を得たい」「大切にされたい」という無意識の思いで心が支配されます。それが、愛情を欲する強い飢餓感を湧き上がらせるに至ります。この飢餓感はエスカレートしやすく、やがて、どのような手段を用いても、飢餓感を埋めようとする行動を示しはじめてしまうのです。

そして、そのなかの一つが自己顕示的行動です。集団のなかで注目を浴び、センターステージに立とうとする行動です。行動を起こせば、確かに一時的に注目は得られるかもしれません。しかしながら、それはただ人の目を一時的に引いただけ。他者から大切にされているという実感につながるものではありません。

自己顕示的行動からは、その行動を示す人が心の底で欲していた愛情が得られることはありません。「大切にされている」という実感や他者からのリスペクトも得られません。結果的に、欲しいものは何も手にできずに終わるのです。欲求が満たされない状況が続いてしまうのです。そうなると、飢餓感はさらに強まります。さらに強い注目を浴びようとするような行動に走ります。

しかし、結果は惨憺《さんたん》たるものです。他者からの支持は得られずに終わります。リスペクトが得られるどころか、地に落ちるケースさえあります。注目を浴びようとしてもがけばもがくほど、逆の結果が出てしまう。何も満たされずに、飢餓感が増大する。それがさらなる自己顕示的行動を誘発し、一層の評価ダウンを招くという悪循環を繰り返してしまうのです。

(2) 自己顕示性の強い自分への処方箋

この悪循環から脱するためには、自己顕示的傾向を弱めるための取り組みが必要になります。具体的には、次のような姿勢を習得することが必要になります。

●等身大の自分を受け入れる（今の自分の実力を受け入れる）

たとえ、できていないところがたくさんある自分であっても、責めずにありのままの自分を受け入れるようにします。「背伸びした自分」を見せようとしないようにします。

●自分がもっているプラスの部分を喜び、尊ぶ姿勢をもつ

等身大の自分を直視すれば、必ず、自分のできている部分、素晴らしい部分、プラスの部分も見えてきます。その部分を「たいしたことない」「まだこのレベルではダメ」といったとらえ方をしないようにします。プラスの部分があることを認め、讃えます。自分が今もつもののなかに、喜びを見出す姿勢をもつようにします。

●他者と話をする際の、話す時間と聞く時間の割合を意識して見直す

もし現状が自分が7割程度話し、相手（他の人）が3割程度話すという状況にあれば、相手が7割を超えるよう工夫します。「今日は（この場面では）、聞く割合をいつもより大きくする」と意識しながら、話をします。その際には、「今日は7割聞く」と心の中で宣言するのが効果的です。

●聞き役に回るという意識で話し合いに参加する

話し合いの場に同席する場合は、意識して、聞き役に回るようにします。議論がなされている場合には、まずは他者の意見を幅広く聞くことに集中します。その際には、話し手が気持ちよく話せるよう、静かにあいづちを打ったり、要所要所でメモをとったりしながら、誠意をもって聞いていることがわかるよう努めます。誰もが気持ちよく話せるよう最大限努力します。

●自分を大きく見せない

自分を大きく見せようとすれば、自分を取り繕って見せようとする誘惑に駆られてしまいます。そうなれば、話を盛る、ウソをつくなどといった行動に走ってしまいやすくなります。他者のウソをすぐに察知できるように、実は他者もこちらのウソを容易に察知できます。実際にはその多くが相手に見透かされているのです。このことを肝に銘じ、常に、等身大の自分を語るよう心がけましょう。

●相手が喜びを実感できる話し方、関わり方、会話への参加の仕方を考える

これは良きコミュニケーターになるための鉄則です。人と話すとき、自分の満足感ではなく、相手の満足感（複数による会話の場合は、そこにいる人たち全員の満足感）が得られるよう力を尽くします。どんな姿勢で話を聞けば心地よく感じてもらえるか。どんな声のトーンで話せばリラックスできるか。どのような態度や姿勢で会話に参加すれば、喜んでもらえるか。こうした点を意識しながら、接するように努めていくのです。

●意識して一歩引く

自分を見てほしいという自己顕示欲があると、人の前に出て主導権を握ろうとしてしまいます。この行動を制御するには、一歩引くという強い意識が必要です。会話にすでに参加しているときには、一歩引き、相手の発言を待ちます。

誰かと役割分担について話し合うときは、「私が、私が」と、はやる気持ちを抑えます。他の人が「私、やります」と言い出せるよう、しっかりと間をとるようにします。尊敬を受ける職業人となるためには、待つ姿勢を身につけることがとても重要です。

4 自分自身に関する負の特性④ 実力・実績が伴わずプライドだけが高い

プライドとは、自分の才能や個性などについて自信をもつことであり、常に品位ある態度を保ち続ける姿勢・行動様式全般を指します。自尊心、自負心と表現されることもあります。

「実力・実績が伴わずプライドだけが高い」職員は、実は、本来の意味でのプライドをもちあわせているわけではありません。自分では業務ができていると思い込んでいますが、日々の業務内容は低レベルで極めて危うい状況にあります。専門性を磨くための努力はほとんどしておらず、経験と勘だけで業務を行っています。

共に働く職員は、気が休まりません。不十分な点に関しては、フォローせざるを得ず、心身共に疲弊した状況に追い込まれてしまいます。

プライドだけが高く実績の伴わない人は、ミスの指摘あるいは不十分な点の指摘を極端に嫌う傾向が強くあります。何か一つでもミスを指摘されると、全否定されたと考え、指摘をする職員には反発の姿勢を露わにします。

さて、読者であるあなたはどうでしょうか。自分のなかに、プライドだけにしがみつき、現実を直視しない姿勢を示す場面がないでしょうか。自分の業務に対する他者からの指摘やアドバイスを歓迎する姿勢が示せているでしょうか。日頃から自分の知識や技術を高めるための取り組みに努めているでしょうか。今までの業務の手法や取り組みにしがみつき、一切、変化を嫌うような状況にないでしょうか。

(1) プライドや面子にしがみついていないか、自己チェックする

少しでもその要素があるかもしれないと思う人は、次に示す「プライド・面子執着度チェックリスト」で、自分自身がどれくらいプライドや面子にこだわる傾向があるか、自己チェックしてください。

各項目に目を通して、その内容に当てはまると思う場合はチェック欄に○を、当てはまらない場合は×を入れます。

【プライド・面子執着度チェックリスト】

□ (1) 自分がやっている業務のやり方や手順について、他の職員から口を出されるとイラッとする。

□ (2) 他の職員から不十分だとの指摘を受けても、反発心が先に出てしまい、行動を改められなかったことが何度もある。

□ (3) 職場で決められた手順や方法を守らず自己流で行っている業務がある。

□ (4) 業務を円滑に進めていくうえで必要とされる知識や技術について、十分に備わっていないものがある。

□ (5) そもそも業務を円滑に遂行するうえで、どのような知識や技術の習得が求められているのか、正確には理解していない。

□ (6) 自分が「そうしてほしい」と希望するものとは異なる言動を示す利用者がいると、つい気持ちが苛ついてしまう。

□ (7) 勉強熱心で向上心のある後輩職員や同僚職員に対して、苛つきを感じることがある。

□ (8) 自分の業務がどのようなレベルにあるか、利用者の立場に立って、点検するという取り組みを行ったことがない。

□ (9) 自分の行っている業務が、どの部分がどのように優れているのか説明できない。

□　⑽　福祉職員としての勤務経験を振り返ったとき、「これをやり遂げた」と胸を張って実績として示せるものがほとんどない。

さて、結果はどうだったでしょうか。チェックリストに当てはまる点がいくつかある場合、あなたのなかに、プライドにしがみつこうとする側面があるかもしれません。面子にこだわってしまい、素直に他者の意見や指摘に耳を傾ける姿勢が抜け落ちている可能性があります。

⑵　プライドや面子をすべて取り去る

もし自分自身にプライドや面子にこだわる部分があるとすれば、そのすべてを手放しましょう。そうしたからといって、すべてを失うわけではありません。十分な実績と実力があれば、周りの誰からもリスペクトされる存在になれます。プライドや面子にこだわる必要はないのです。

それらを手放せるようになるには、不完全な自分を受け入れる姿勢の習得が欠かせません。実力や実績が伴わないのに、プライドや面子にこだわってしまうのは、不十分なところがある自分を謙虚に直視できない状況にあるからです。「職員として完璧でなければならないのだ」「不十分なところが一つでもあったら職員として失格なのだ」という完璧幻想の罠に陥っていることがあるからです。こうした思いの修正が、プライドや面子へのこだわりから自分を解き放つ重要な一歩になるのです。

完璧幻想から自分を解き放つ方法として取り組んでほしいのは、自分への語りかけです。自分に次のように優しく、思いやりの気持ちを込めて語りかけるようにします。

「**この世に完璧な人はいない。誰もが不完全。よりよき自分になるための旅の途中だ。私も例外ではない。よりよき自分となるための旅の途中。だから、何かできないことがあることを決して恥じない。むしろ、誇りとする。正面から向きあう。よりよき自分になるために、行動を起こす**」

このように自分自身に語りかけ、プライドや面子にしがみつき完璧を装おうとする自分を、その呪縛から解き放つようにするのです。

(3) できている業務とそうでない業務を見極める

そのうえで、自分の業務状況を直視する取り組みに着手します。何が十分なレベルでできているか、どの部分に修正が必要か、確認するための取り組みです。手順は次の通りです。

1) 一日の業務を頭の中で思い浮かべる
典型的な職員としての一日を想定し、出勤してから退勤時間までに何をするか、頭の中で思いをめぐらせます。

2）そのうえで、「十分にできている業務リスト」を作成する

具体的にどのような場面で行う業務が、どのような状態で十分にできているか、一つひとつ書き出していきます。他の職員にリストを見せたとしても「できている」と評価されるか、この点を意識しながら、作業に取り組んでいきます。もし、この取り組みを高いレベルで、より効果のある形で行いたいのであれば、信頼できる誰かに書き出した「十分にできている業務リスト」を読んでもらい、コメントをもらうと効果的です。

【十分にできている業務リスト（記入例：介護職員のケース）】

- **移動、食事、入浴などに関する一連の介護技術**
- **レクリエーション活動（とりわけ音楽を中心とした活動）**
- **服薬支援が困難な利用者への対応**
- **ユニット内（生活空間内）における安全確保**
- **相談員およびケアマネジャーとの連携**

3）続いて、「十分にできていない業務リスト」の作成に取りかかる

具体的にどのような場面で行う業務が、十分にできているとはいえない状況にあるか、一つひ

とつ書き出していきます。その際には、徹底的に、利用者の立場から考えます。同時に、他の職員の視点からも考えるようにします。自分ができていると思っているものであっても、利用者の立場で点検すると十分でないことに気づける場合があります。同様に、他の職員の立場から考えたとき、十分だと思っていた業務が不十分だと気づけることがあります。ですから、この取り組みを行うときには、他者視点でのアプローチを鉄則としましょう。

【十分にできていない業務リスト（記入例：障害者施設支援員のケース）**】**

- ・報告しなければならない案件を報告し忘れることがある
- ・連絡ノートは開くがきちんと読んでいない
- ・自閉症の利用者が示す行動に適切な支援ができていない
- ・自分の感情のコントロールが不十分で、イライラが顔に出ることがある
- ・要求や要望の多い家族をつい避けてしまう
- ・ケース記録が適切に書けているか自信がない
- ・個別支援計画書は作っているが、本人の意思が反映されたものになっていない
- ・支援場面全般で意思決定支援が適切にできていない
- ・会議のときに発言できない

リストアップの結果、明らかになった「十分にできていない業務」に関しては、できるように

なるためにはどうすればいいか、考える時間をとります。そのうえで、改善計画を立案、実行に移していきます。一つひとつ順番にできるようになる部分を増やしていくようにします。

(4) なぜ「十分にできていない業務」に向きあうのか

「十分にできていない業務」を明らかにする取り組みには、二つのメリットがあります。一つは、自分の至らない点に謙虚に向きあえるようになれば、他の職員にヘルプを求めやすくなるというメリットです。もう一つは、他者の弱点にも寛容になれるというメリットです。自分の弱点に向きあえるようになれば、他者の弱点への許容度も格段に高まります。

実力が伴わないのにプライドだけが高い人は自分の不十分なところが認められません。そのような状況にある人が、完璧主義への幻想から解放されたら、他者に対する許容度、すなわち、寛容度が高まっていきます。他者の不十分な点を、思いやりの心をもってサポートする姿勢が示せるようになります。そうなれば、人望力ある人として、飛躍と成長が遂げられるようになるのです。

5 自分自身に関する負の特性⑤ いつも先のことばかり心配している

この特性を示す人には二つの大きな問題があります。一つは、先のことばかり心配するがために心ここにあらずの状態に陥っている点です。もう一つは、先のことの心配だけに終始し、何も行動を起こさない点です。この特性を示すようになると、福祉職員として、適切かつ的確な業務遂行ができなくなります。

(1) 見ているのに見えなくなる

一番目の問題は、深刻です。先のことばかり考えて、今やっている業務に集中できていないので、目の前にいる利用者の存在が見えなくなります。現実的には、目の前に人がいて、自分の目で見ているはずなのですが、心がここになく、先のことばかり考えているので、見えていないのです。相手の声についても同じことが起こります。話は音声として耳に入っているのですが、そこに秘められたメッセージを聞き取り、把握することができません。利用者はさまざまな形で、自分の思いを伝えようとしているのですが、思いが理解できない状態に陥っています。

いつも先のことばかり心配して心ここにあらずの職員は、福祉専門職としては不十分で不適切な状態なのですが、自分が極めて危うい状態に陥っている事実に、気づかないケースが多々あります。それでも、大過なく業務遂行ができているように感じてしまうためです。

(2) オートパイロット・モードの危険性

人はどの業界で、どのような仕事をしていようとも、ある一定期間、職業人として働いていれば、百パーセントの集中力がなくても、日々の定型業務が何とかこなせるようになります。

どの業務をどのタイミングで、どのような手順や方法で、どこまで、どのように行っていくのか、パターンとして覚えていきます。まるで、飛行機の自動操縦装置のように、オートパイロット・モードでの業務遂行が可能になります。百パーセントの集中力がなくても、業務がこなせるようになります。勤務時間になると、深く考えなくても、文字通り、いつものように、日々の業務に入っていけます。事故なく無難に業務がこなせていけるのです。ところが、ここに落とし穴があります。

飛行機の場合、オートパイロット・モードに入ったとしても、今この瞬間、目の前の出来事に対する観察は、計器確認という形で適切かつ的確に行われています。エンジンに異常がないか、航路を順調に決められたスピードで進んでいるかなど見守られているのです。異常があれば警報でリスクの存在を知らせます。問題の大きさを把握し対応を考え実施するのは、パイロットです。オートパイロット・モードにあっても、何かサインがあれば、それがどんなに小さなものであっても、瞬時に反応し適切な対応をできる人が機内にはいるのです。

「いつも先のことばかり心配している」特性を示す職員の場合は、どうでしょうか。いえ、目の前にいる利用者から、「私に気づいて」というサインが出ているのに、それに気づかずにいるケースが数多くあるのです。リスクマネジメントの観点からいえば、小さなリスクの時点で気づき、集中力をもって瞬時に対応しないので、非常に大きなトラブルに発展してしまう可能性が大きくなるのです。

的確に利用者の心の異変に気づいていれば、著しいパニックや情緒不安定になる前に対応できたのに、見落としていたために、大きな不安状態を招いてしまいます。身体の異変にサインが出ていたのに、それに気づかなかったために、病気が早期発見できなくなります。生命の危機を迎える事態が発生します。こうした事態が発生する公算が大きくなるのです。

(3) 先のことばかり気にする人の心は所在不明の旅に出る

続いて、「いつも先のことばかりを心配している」特性のある職員が示す、もう一つの問題点について考えてみましょう。このタイプの職員が示す最大の問題は、先のことを考えても、それが将来の安全や安心の確保に向けた適切な行動につながっていない点にあります。文字通り、心配するだけに終始するのです。ただ漠然と先のことをとりとめもなく心配するだけです。一日全体のスケジュールを見越したうえで、先の予測をしながら動くものになっていません。ただ心が、勝手に自由気ままに先のことを考えている状態になっているのです。業務だけではなく、実は心そのものも自動操縦のオートパイロット・モードになってしまっているのです。勝手に、今この瞬間ではない、先の時間に飛んでしまっているのです。

針路設定もなく、ただ漫然と飛び続けるだけ。行く先は誰もわかりません。解除ボタンも付いていないので、人がコントロールすることもできません。そもそも、業務のパイロットである自分自身には、オートパイロット・モードをオンにするためのスイッチさえ付いていません。勝手にスイッチオンになるのです。そして、行きたいところに勝手に自由気ままに飛んでいくのです。

そうなった場合、心はどこに飛んでいくのでしょうか。多くの場合、仕事とは関係のない未来へ向かってしまいます。今この瞬間は勤務時間であり業務に専念するべき時間なのに、業務後のプライベートな予定をあれこれと考えてしまうのです。家族との約束、友人との約束のことを考えようとするのです。業務には関係がない、将来に関する自分の心配事をぼんやりと考えてしまうのです。このような形で心が勝手に、業務に関係ないところへ飛んでいってしまうのです。

今この瞬間、自分は職場にいて、利用者に対応しているのに、心が業務とは一切関係ないところに勝手にワープし空間移動、時間移動しているとなれば、どのような状態になってしまうでしょうか。利用者のサインに気づく目は完全に機能不全状態になります。心は必要のないところにワープしており、いなければならないところにいない、所在不明の状態になってしまいます。

「先のことばかり心配している」とは、現実的には、今考える必要のない先のことを考える状態にあることを指すのです。考えるべき〝先〟ではなく、考えなくていい〝先〟に心が飛んでしまっているのです。

⑷ それでも実害は出していないという思い込み

この状態にある人は、「それでも業務は大過なくこなせています。実害がないからいいのではないでしょうか」と開き直ってしまうことがあります。オートパイロット・モードで業務を行っても、ある一定の業務は確かにできます。実際の業務に著しい害をもたらさずにいられることがあります。しかし、これは本人の視点からとらえた超主観的な現状認識です。大きな事故が起こっていないだけで、実害は確実に発生しています。職員目線からみれば、明確に把握できないかもしれませんが、利用者目線からとらえればすぐに察知できます。

「先のことばかり心配している」職員は、直接、利用者と向きあっているのですが、心は関係ないところに飛んでいる状態にあります。利用者の目線からいえば、自分に関心をもっていない人が目の前で自分に対応しているのです。直接介護の場面で心ここにあらずの姿勢で業務に携わると、機械的な介護になってしまいます。心を込めた姿勢ではなく、機械的にモノを扱うような姿勢になる危険性があるのです。利用者にとっては、屈辱的で耐えがたい状況になってしまうことがあるのです。

心ここにあらずの職員と話をしても、思いは十分に理解してもらえません。言葉以外の方法でサインを出しても、気づいてもらえません。目の前に職員はいるのですが、心安まることはありません。不安な気持ちが増すだけの状況で過ごすことを余儀なくされます。「実害が出ていない」と考えるのは当該職員だけで、利用者の目線からみれば、明らかな実害は出ているのです。

先のことばかり心配し、心が今ここにない状況がもたらす弊害を甘く見てはいけません。極めて大きな問題がすでに職場内にもたらされているのです。

(5) 職員間の連携や一体感が損なわれる

影響は利用者に対してだけでなく、職員との関係にも及びます。他の職員と話はするのですが、心は今ここにないので、話す内容が頭の中に入っていかなくなります。こうなると職員間で共通認識がもてなくなります。情報共有もままならなくなってしまいます。話を聞かない職員が今、ここにいるからです。正確な言い方をすれば、音声として話は聞いているが、その内容を理解しないままにしている職員がいるからです。

今自分が携わることへの集中力が低くなると、非言語のメッセージに気づけなくなります。他の職員が示すちょっとした仕草や姿勢から発せられるメッセージに気づかなくなります。自分のサポートを必要としている後輩や同僚職員のサインを見落とすようになります。適切な気遣いができなくなるわけですから、他の職員と信頼関係が築けなくなります。ただ、同じ職場で働いているだけで、心が通じあわない関係に留まってしまうのです。

気がつくと、一体感がない職場環境（部署環境、チーム環境）が出来上がってしまいます。職員は職場に帰属意識を抱かなくなります。他のもっと一体感が抱ける職場への移動を考えるようになるのです。こうして職員が定着しない、離職率が高い職場環境が確立していくのです。心がここにない状態での勤務姿勢は、さまざまなマイナスの影響を他の職員の心に、そして、職場全体にもたらしてしまうのです。

(6) 目の前の業務に心を集中する

さて、読者であるあなたはどうでしょうか。日々の業務姿勢を振り返ってください。今、行っている業務に集中できず、関係ないことを考える自分がそこにいないでしょうか。今、目の前にいる利用者への対応に集中できず、とりとめのないことを考える状況になりはしないでしょうか。

もし、このような状態にあるとすれば、福祉の業界でよい職業人になるための基本、よい成果を生み出す職業人になるための基本に立ち返らなければなりません。それは、今目の前にある業務への集中です。今目の前にいる利用者への意識の集中です。

「いつも先のことばかり心配している」という負の特性を示す人は、この基本姿勢が欠落する状況にあります。今この瞬間のリアリティに集中できない状況に陥っているのです。理由の一つは、現実から逃げたいからです。自信がない業務、心理的負担を感じる業務、支援が困難な利用者、思いの把握が困難な利用者への対応から逃れたいという心の奥に秘められた願望が、先のことばかり考えて今の現実に向きあおうとしない姿勢を生み出すことがあるのです。

(7) 今に集中するための二つの方法

こうした姿勢から自分自身を解放するための取り組みが、今取り組む業務への集中です。今、目の前にいる利用者に心を集中させていくことです。方法は、二つあります。業務遂行中、業務とは関係ない思いが頭に浮かび、集中力が乱れたと感じたとき、気づいた時点ですぐに、今この瞬間に戻るように声をかけます。批判したり、責めたりせず、優しい姿勢でこう声をかけます。

「今、私は別のことを考えている。そうこれは誰もが経験すること。当たり前のこと。でも、私にとって大切なのは、今目の前にある仕事。それに集中する」

集中力を失い、業務以外のことが頭に浮かぶたびに、同じような働きかけを繰り返していきます。忍耐強く、何度も、何度も、繰り返して、心と身体にすり込ませていくのです。

心を今に集中させるもう一つの方法は、業務遂行中、頭に浮かんだことが業務に密接に関係する事柄である場合の対応方法です。この場合も、必ず今行っている業務に意識を集中させるための働きかけをしなければなりません。ただし、今回は、頭の中に浮かんでくるのはプライベートな事柄ではなく、業務に関することなので、丁寧な対応をするようにします。具体的な方法は次の通りです。

注1：バッド・ニュース・メッセンジャーと対応方法に関する記述は、拙稿（久田則夫「チームを育てる現場を変える介護リーダーの心得：心得9　悪いニュースを伝えるだけのバッド・ニュース・メッセンジャーにならない」『おはよう21』、２０１８年2月号、67～69頁）に加除筆修正のうえ、再掲したものである。

頭に浮かんだことが業務に密接に関係する事柄である場合の対応方法

①

ある業務に従事中、他の業務を気にする自分に気づいたら、気づきを言葉にする

「私は、午後の業務のことを気にしている」「明日の報告書の提出のことを心配している」「夕方の家族との面談のことを心配している」等と、気づきを心の中で言語化します。先のことを気にしている自分を否定せず、責めずに受け入れ、認めます。

②

気にする自分をポジティブに労《ねぎら》う

気にする自分にポジティブなメッセージを送ります。「そう、誰も、気になることがある。それは当たり前のこと」「午後に予定されるケース会議は私の担当者の件だから、やはり気になる。それは責任感の表れだ。偉いね、私」といった言葉を心の中でかけます。こうしたアプローチをすると、先のことを気にして、こだわろうとする姿勢を手放しやすくなります。

③

気になることの扱いについて、今でないことを伝える

頭の中に浮かんだ業務に関する気になることをどうするかという点については、明確に、こう伝えます。

「そうだ。これは大事なことだ。必ず取り組まなければならないこと。でも、それは今この瞬間ではない。この業務が終わってから考える。だから、今はこの業務に集中する」

ポイントは、頭に浮かんだことに、いつとりかかるかの宣言を明確に行うことです。それがなければ、何度も何度も頭の中に繰り返し、気になることが浮かんできます。その度に集中力を失ってしまいます。そうならないよう、必ず、いつ取り組むか、心の中で自分に明確に伝えるようにしましょう。

④

後で取り組むと宣言した気になることに確実に取り組む

ここがもっとも大切なポイントです。先のことをあれこれと心配するだけの特性を示す人は、心配するだけで何もなし遂げられないという特徴があります。この特性から完全に解き放たれるためには、心配だけ、あるいは、気にするだけに終わらず、心配事を解決する自分にならなければなりません。気になることが業務の改善に関することであれば、適切な手段と方法で取り組み、“やり遂げる”自分になることが求められます。

第5章

人と向きあう

—あなたの他者への眼差しや姿勢のなかに
負の特性が潜んでいないか—

1

人に対する負の特性①
好き嫌いで人をみる
（業務を選り好みする）

この特性を示す人は、好きだと判断する人に対しては、何も問題ありません。親切で優しい姿勢を示します。不十分な点があっても、寛容で受容的な姿勢を示します。

ところが、嫌いだと判断する人には、態度が豹変します。受け入れないという姿勢を露わにします。ちょっとした仕草や態度から、嫌いだと判断した人に対する拒絶感、嫌悪感などマイナスの感情が伝わってきます。相手の心に傷を与えるような言動に及ぶこともあります。こうした言動は、職員に示されるケースもありますし、利用者に向けられるケースもあります。どちらのケースも、権利侵害、虐待、ハラスメントと認定されかねない行為です。決して看過できるものではありません。

人を好き嫌いで判断する職員は、自分が行っている業務に対しても極めて危うい姿勢を示します。好きだと判断する業務（これは楽だと本人が判断する業務も含む）は、嬉々とした表情で取り組みます。ところが、嫌いだと判断する業務（負担感のある業務や苦手意識などを感じると判断する業務）については、対

照的な姿勢を見せます。業務姿勢から、苛立ち、怒りなどといった感情が伝わってきます。これらの業務を何とか回避しようとする姿勢もみられます。チャンスがあれば、自分よりも経歴の浅い職員に押しつけようとします。嫌な業務は電光石火の早業で取り組み、不十分な仕上がり状態のままで終わらせることも日常茶飯事です。尻拭いは他の職員にやらせて、知らん顔を決め込みます。

(1) 好き嫌いで人を見る人は超主観的な判断で人を区別する

人を好き嫌いで判断する職員は、超主観的なものの見方、あるいは価値観で人や物事を判断する傾向があります。自己中心性あるいは自己都合がベースとなっている価値観で、すべてのものを判断します。人に対しては、その人の容貌、雰囲気、態度、もののとらえ方などが自分にとって心地良いものか、都合の良いものかなどといった観点で、判断を下します。受け入れる人と受け入れない人を選り分けてしまうのです。人を区別し、排除する、極めて危険で不適切な行為に手を染めてしまっているのです。

このタイプの職員は業務についても、自己中心的あるいは自己都合の見地から、好き嫌いの選り分けをします。自分が価値あると思うもの、自分が好きだと思うもの、自分が嫌いだと思うもの、自分が得意だと思うもの、自分が苦手だと思うもの、などといった基準で、業務の好き嫌いを決めていきます。その根底には、「楽をしたい」「苦手な仕事はとにかくやりたくない」などといった自己本位的な思いが潜んでいます。

(2) 優先度が低く取るに足らない仕事と決めつけ、嫌な仕事から逃げようとする

といっても、本人には、好き嫌いで分けているという意識はありません。嫌いな仕事や苦手な仕事を人に押しつけている意識もありません。本人は、嫌いな業務、苦手な業務、負担感が重い業務については、無意識のうちに、「優先順位が低い業務」「やる意義が低い業務」「取るに足らない業務」「自分がわざわざやらなくても他の人でもできる業務」などといった分け方をしているのです。無意識にこのような分け方をしているために、他者にその業務を押しつけるとき、罪悪感を抱くこともありません。

「優先順位が低い業務だから別に私が担うまでもない」「取るに足らない業務だから、経験を積んでもらうために、新任職員に振る」などといった形で、体のよい言い訳で、自分の行為を正当化しているのです。

(3) アウトリーチの技法を用いて好き嫌いで選別する姿勢との訣別を図る

あなたはここまで読み進めて、この特性を示す人の危うい特徴や行動パターン、負の影響などについて知識を深めましたが、今どのような思いを心に抱いているでしょうか。

自分の行動のなかに、ここに示された特性と共通のものがあると感じられた場合は、即座に行動を起こしましょう。人を好き嫌いで見たり、物事を好き嫌いで判断したりする思考パターンとの訣別を図らなければなりません。

その方法の一つとしてオススメしたいのが、「アウトリーチ（Outreach）の技法」です。これは、自己中心的な判断により遠ざかっていた人のところに、自分から近づき、その人の隣に寄り添う人になっていく技法です。

大事なのは次の部分です。着実に自分の殻から外に出ていくようにします。これまでの思い込み（「○○さんは苦手だ」「○○さんは嫌な人だ」「○○さんは付き合いづらい」というさまざまな価値判断やものの見方）から自分を解き放ち、それまでマイナスの視点で見ていた人のところに向かって、歩みを進めて近づいていきます。英語でいえば、アウト、つまり外に出る。そして、相手のところにたどり着く。つまり、リーチする。だから、アウトリーチの技法なのです。好き嫌いで人を選り分けていた自分から、誰に対しても寄り添い、優しさと親切と安心を届ける人になるためのアプローチです。

⑷ アウトリーチの技法の具体的アプローチ

その具体的方法は次の通りです。まず、身近なところにいるのに、これまで自分がどちらかというと避けてきた、十分な関わりをもっていなかった職員を思い浮かべます。自分は意識していなかったとしても、どちらかというと「嫌い」に分類してしまっていた職員（その可能性のある職員）を頭の中で思い浮かべます。

そのなかから一人、アウトリーチし寄り添う人を決めます。基準は自分の感性で結構です。そのうえで行動を起こします。意識して、その人と話をする機会を増やします。自分から積極的に話しかけるよう努めます。

その際には、気が合う人や好きな人と接しているときに見せる、ポジティブでウェルカムな態度、仕草、表情で接するよう努めましょう。当初は必ず違和感を覚えます。それはごく当たり前の反応です。簡単にしっくりいく関係になるわけがありません。たとえそうであっても、そのまま継続してください。忍耐強く継続していけば、やがて肩の力が抜けていきます。気が合う人や好きな人として接しているような、リラックスした気持ちで向きあえるようになります。

(5) うまく取り組めないときはどうするか

このアプローチを実行に移すとき、今までうまく関係を築いてこなかった人を、気が合う人のように、あるいは、好きな人のように接することができないとの反応を示す人がいます。このような戸惑いを抱く人は一点大きな勘違いをしています。接するときには、気が合う人のように、あるいは、好きな人のように接します。これは、仕草、態度、口調、発する言葉など、行動として見える形で示すものです。これらの行動に、必ずしも心の底からの思いが伴っていなくてもいいのです。まず改めるのは、行動そのものです。これまで、その人と距離を置いていた、あまり話すことがなかった、つい避けるような行動を示していた等々、それらの行動を、見える形で変えていきます。自分から近づき、優しい仕草、態度、口調などを示していくのです。

(6) ここでの関係づくりは、心から入らず、行動から入る

ここが重要なポイントです。今まで何らかの理由で「嫌い」との思いを抱いていた人との関係づくりは行動から入っていくのが鉄則です。最初の段階では、心の底からの思いは存在しなくて良いのです。いえ、そこから入ろうとすると失敗する公算が大きくなります。心が反応して強い抵抗感を抱いてしまうからです。「今まで嫌な思いをしてきた人に、優しい気持ちなんて抱けない」といった気持ちが湧き出てきて、行動が起こせなくなるのです。ですから、ここに紹介するアウトリーチの技法では、行動から入っていくようにするのです。心ではなく、行動面で、これまでとは異なる姿を見せるようにするのです。明らかに見える形で、行動を変えていくのです。

こう主張すると、偽善ではないかといぶかる人がいるかもしれませんが、それは違います。行動から始めますが、しばらくすると、必ず、心が伴っていきます。自分で意識しなくても、気づいたときには、心からの優しい気持ちで接することができるようになります。

では、いったいなぜこの方法でチャレンジすると人との距離が近くなることが期待できるのでしょうか。

(7) 人の思考行動パターンに注目せよ

それは、人間の思考行動パターンを確認すれば、よく理解できます。人は、何か行動を起こすとき、心に抱くものの見方や考え方、価値観などをベースにして動く特性があります。

まず、ある事象、人、ものに対する見方、考え方、認識の仕方、価値観が心の中に存在します。そこから、「好き」「嫌い」「安心」「不安」「怒り」「苛立ち」などの感情が生じます。そして、感情に基づく行動が示されるのです。ものの見方・とらえ方・価値観→感情→行動（発言）という流れで人は行動を起こすのです。

考えがネガティブなものであれば、そこからネガティブな感情が生じ、それに基づく行動となり、ネガティブで望ましくない行動が表出しやすくなります。

例えば、ある人に対して、「私をイライラさせる人」という考えでとらえるようになれば、感情面は、「イライラさせる人」という考えを前提とした反応を示すので、心の中には、苛々感や不安感などのマイナスの感情が湧き上がってきます。その感情はやがて言動となって表に出てきます。苛立った口調、苛立った動き、とげとげしい態度など、マイナスのオーラを出しまくる言動になってしまいます。好き嫌いで人を見る特性のある職員はまさにこの流れにはまっている人だということができます。

このようにマイナスの考えは、マイナスの感情を生み出し、マイナスの言動を誘発するというプロセスをたどっていきます。好き嫌いで人をみる人はまさにこのパターンで他者を見ています。マイナスの視点で人をとらえ、マイナスの感情が生まれ、マイナスの行動を示すという流れになっています。

実はこのような人間の思考行動パターンのなかに、改善のヒントがあります。この流れを逆にしていくことによって、ネガティブな感情やネガティブな考え（ものの見方、認識の仕方、価値観）の修正が図れるのです。シンプルに記すならば、行動→感情→考え（ものの見方、認識の仕方、価値観）といった順番で変えていくことができるのです。

もちろん、考え（ものの見方、認識の仕方、価値観）をまず修正し、その後、感情や行動の変容を実現する方法もあります。私も福祉の現場でこの手法を用いて職員の行動変容を試みたことが何度もあります。が、結果的にうまくいかないケースが数多くありました。

福祉現場を訪ね、そこでの講義を通して、考え（ものの見方、認識の仕方、価値観）の変容を図ると、一時的にはうまくいきます。どのようなものの見方、認識の仕方、価値観をもって働く必要があるか、話をすればすぐに理解してもらえます。人をプラスの視点でとらえる感情が湧き出てきます。行動も良い方向へと変貌を遂げます。ところが、変化は一瞬だけ。すぐにもとの状態に戻ってしまいます。

原因はすぐにわかりました。簡単に変わったととらえていた考え（ものの見方、認識の仕方、価値観）の変容が図れていなかったのです。長年の生活経験のなかで身につけた考えはそう簡単に変わるものではありません。このような経験から、考え（ものの見方、認識の仕方、価値観）の変容から行動の変容を目指すアプローチは成功率が低いという教訓を得ました。不可能でありませんが、至難の業であることを学んだのです。

(8) 行動面から変わると、ものの見方や考え方も修正されやすい

そこでアプローチを変えることにしました。行動面の変化から始めることにしたのです。行動面の変化が確立すると、ネガティブな感情、ものの見方、とらえ方、価値観も修正されていることに気づきました。それも、以前のアプローチとは異なり、もとに戻りにくいのです。このような経験から生まれたのが、「アウトリーチの技法」です。考え（ものの見方、認識の仕方、価値観）の変容から入るのではなく、今まで避けてきた人へのふれあい、日々の交流を積み重ねることから入っていくアプローチです。その際には、気が合う人、あるいは好きな人と接するような行動を示すようにします。すると、以前は避けがちであった人に向けていた感情がネガティブからポジティブに変わっていきます。その人に向けた眼差し、認識の仕方、価値観もポジティブなものに転換していくのです。

2

人に対する負の特性②
自分の意見にこだわってしまい他の人の意見が受け入れられない
（自分の意見が受け入れてもらえないとイライラする）

この特性のある人には、自分の考えとは異なる考えを示す人に対して、二つの危うい態度を示す傾向があります。

一つは、人の話を聞こうとしない姿勢です。自分の考えに拘泥《こうでい》し、異なる意見は聞こうとしません。相手の主張を入り口の段階でシャットアウトします。そうなると、溝を埋めたり、すり合わせをしたりするような取り組みに着手できなくなります。結果的に、自分の考えにしがみつく状況が続いてしまうのです。

もう一つの危うい態度は、攻撃的・叱責的な言動です。感情的で不満感露わな表情や態度を示すようになります。本人は攻撃したり、叱責したりしているつもりはありませんが、相対する人は、責められているような感覚を抱いてしまうのです。「何か嫌なこと言って、怒らせてしまったかな」と不安感に苛《さいな》まれます。

この特性が利用者に及ぶ場合は、権利侵害や心理的虐待にまで発展します。自分が「こうすべきだ」と思い込んでいる行動を利用者が示さないとき、苛立ちを示したり、責めたりするような言動に及ぶケースがあるのです。

共に働く同僚にも、自分の考えだけが正しいという態度を貫くので、強い不安感を与えてしまいます。他の職員との共通認識がもてなくなるのでチームワークに支障が出てきます。利用者に関する重要な情報が共有されなくなり、十分な支援ができなくなります。利用者からの意見・要望なども共有できないため、「職員の対応がバラバラで困る」などと、利用者の不満感を高めてしまいます。

さて、あなたはどうでしょうか。常に他者に心を開き、異なる意見を尊重し受け入れていく姿勢が見せられているでしょうか。それとも、無意識のうちに、異なる意見に対して不快感を示すような態度を示していないでしょうか。

この特性は目立つ形で示されるとは限りません。自分と異なる意見に対して声を荒げるという形で示される場合もあるのですが、静かなる不満感の表明といった形で示される場合もあります。ちょっとした仕草や表情で示されるだけですが、周りの職員、あるいは、利用者はすぐに不快感や苛立ちに気づきます。

だからこそ、慎重に自分自身を振り返らなければなりません。万が一、意見の異なる人に対して、少しでも心穏やかではない思いが湧き出る経験があるとすれば、この特性を示している可能性は否定できません。改善に向けたアプローチに取り組まなければなりません。

(1) バック・トゥ・スクエア・ワン・アプローチにチャレンジしよう

その方法として、紹介したいのが、これまで身につけた常識や思いを手放し、一度ゼロにするバック・トゥ・スクエア・ワン・アプローチです。

バック・トゥ・スクエア・ワン（back to square one）とは、英語のイディオムで、「振り出しに戻る」という意味です。何かうまくいかない状況があり、あれこれ打開策を講じたがうまくいかないとき、一度振り出しに戻ってゼロから再スタートする。これが、バック・トゥ・スクエア・ワン・アプローチです。

自分のなかに強いこだわりがあり、それがマイナスの影響を及ぼし、修正できない状況にある場合に、このアプローチにチャレンジします。自分がこれまで身につけたものの見方、とらえ方、常識を振り出しに戻します。すべて手放してゼロにしていきます。

「こうでなければならない」「こうすべきだ」という思いから自分を解き放っていくのです。なぜ、手放す必要があるのでしょうか。それらの思いが心の中にある限り、自分の思いとは異なる考えに、心が反応し続けるためです。マイナスの感情が湧き出てきて、自分を苛立ちへと向かわせます。他者には不安や恐れの感情を抱かせてしまいます。その状況に終止符を打つために、これまで身につけたものを手放すのです。

人はこの世に生まれ人生経験を積み重ねるなかで、さまざまなルールを学んでいきます。家庭、教育機関、社会とのつながりのなかで、あいさつ、言葉遣い、さまざまな場面における所作、立ち居振る舞いなど、さまざまな事柄をルールとして、礼儀作法として学んでいきます。ものの考え方、見方、とらえ方などについても、学んでいきます。こうした経験を積み重ね、必要な知識と作法を覚えていくのは、社会のなかで人と協力しあいながら暮らしていける人となるうえで、必須のものです。

(2) すべての人が適切な方法で社会規範を学べるとは限らない

しかしながら、誰もが、適切な手順や方法、そして、安心感あふれる豊かな環境のなかで、社会規範、礼儀作法、ものの考え方や見方などを学べるとは限りません。不安と恐怖、あるいは心や身体の痛みを感じながら、ルールや作法、ものの考え方などを強制的に植えつけられる人もいます。誰かが決めた一方的なルールで、社会常識からはかけ離れているのに、それを守れと強制される場合もあります。または、こんなことも現実的にはあります。確かに社会のなかで共有されている正しい常識や規範であるのですが、一切の逸脱も許さないという形で強権的な力で抑え込まれ、強制されるケースです。恐怖や不安のなかで、さまざまなルールを教え込まれていくといった経験をする人もいるのです。

傍目には強制的には見えなくとも、何をやっても認められず、できないことばかり指摘され、叱責的態度を受け続けることによって、自尊心が大きく傷つけられるケースもあります。少しでも認められる自分になるために、相手が勝手に決めた不当で一方的なルールを守るよう努力します。少しでも機嫌を損ねると痛い目に遭うので、完璧に相手の期待に応えようとしてムリをします。けなげに努力し続けるのです。多くの場合は、思うような反応が得られないのに、強迫観念の支配下に置かれ、努力し続ける状況に追い込まれるのです。

こうした環境のなかでの育ちを経験すると、知らず知らずのうちに、自分のなかに「これはこうでなければならない」という強固なルールが出来上がってしまうことがあります。それを自分のなかの絶対善的ルールとして受け入れ、強化させていきます。そして、心が「ああすべき」「こうすべき」という思いで席巻されてしまうのです。そのようなルールからは、「かすかなブレも許されない」「ブレればたとえかすかであろうと、処罰の対象となる」といった思いが定着します。恐れと不安に支配されて生きることが余儀なくされるのです。

このような思いはやがて他者にも向けられるようになります。自分の思いから逸脱した行為を他者のなかに見出すと、「ゆるせない」「叱責したい」などといった衝動に駆られてしまいます。やがて、衝動は行動や言葉として表出します。強い口調で相手を叱責する、威嚇する、責め立てるなどといった言動に出てしまうのです。人にマイナスの影響を及ぼす人になってしまうのです。

(3) 相手の立場に立つという原則に立ち返る

では、どうすれば自分を窮地に追い込む、こだわりや思い込みが手放せるようになるのでしょうか。そのためには、他者と良い関係を築き上げるための大原則に立ち返らなければなりません。徹底的に相手の立場に立って、物事も見て、考える。徹底的に相手の立場に立って、人の考えや行動の理解に努める。こうした姿勢が必要になります。

例えば、言語コミュニケーションが困難で、認知能力も著しい制約がある利用者のニーズを考えるとき、自分の視点から物事を考えるという姿勢を放棄します。代わって、利用者の立場にたち、どうあることが望ましいのか、どうあることが本人のよりよき生活につながるのか、どうあることが本人の喜びにつながるのか、そのような観点から思いをめぐらすようにします。もちろん、この取り組みによって絶対的な答えが見出せるわけではありませんが、相手の立場に徹底的に立つことによって、これまで見えなかったさまざまなニーズや思いに気づけるようになります。よりよき生活を支えるためのヒントが学べるのです。

同時に、自分の限界にも気づけます。どんなに相手の立場に立ちながら沈思黙考し、時間をかけて、思いをめぐらしてもすべてが見通せるわけではありません。

そんなときに頼りになるのが、他者の見解です。他の職員がどのような見立てをしているか、虚心坦懐《きょしんたんかい》に耳を傾けるようにするのです。そうすれば、気づきます。人の意見には違いがあることに。そして、それがどんなに大切で素晴らしいことなのか、気づくことができるのです。他者の意見に耳を傾けることによって、自分の知らなかった世界を知ることができるようになります。利用者のことをもっと深く知るためのヒントを学ぶことができるのです。

3

人に対する負の特性③
被害者意識が強い
（なぜ自分だけがこんな目に遭うのかという思いに心がとらわれている）

この特性のある人には、自分はいつも損ばかりしているという思いが強くあります。誰かのせいで自分は力が十分に発揮できない。誰かが自分の成長を阻んでいる。誰かのせいで、望むようなポジションに就けない。実際には、他者から被害を受けているという事実は確認できないのですが、本人は、固く信じて疑わないのです。

典型的なのは、このような事例です。ある日あるとき、一人の障害者施設職員が相談に来られました。職場で「ひどい目に遭っている」というのです。相手は、先輩職員ということでした。どのような内容か話を聞くと、「いつも何だか冷たくされている」「わからないことがあっても教えてくれない」「陰口を言われている」といったことがあげられました。さらに詳細な内容を聞くために、「いつ、どのような形で、どのようなことがあったのか」といった点を確認させていただきました。すると、明確な答えが返ってこないのです。「しょっちゅう冷たくされています」と言われるのですが、具体的に、いつ、どのような場面で、どのような形で冷たくされているのか、示されてきません。「わからないことがあっても教えてくれない」という点については、新任職員のときに一度、質問したが答えてもらえなかったという事実があっただけでした。「陰口を言われている」という点は、「たぶん言われている」といった推測のものでした。

このケースの場合は、よくよく話を聞いてみると、対人関係というよりも、自分の内面に関することでしたので、その点について、具体的にどう取り組んでいくか、サポートさせていただきました。相談に来られたときには不安いっぱいの表情だったのですが、退席されるときには明るい表情に変わっていたことが強く印象に残っています。

こうした経験は私にとって、珍しくはありません。他者から「冷たくされている」ということで相談に来られるのですが、実は悩みは別のところにあったというケースが数多くあります。

(1) ひどい目に遭っているという思いはどこから来るのか

ですから、もし読者であるあなたが、他の職員から「ひどい目に遭っている」という思いがあるとすれば、それがどこから出ているか確認しなければなりません。事実として被害を受けている場合は、職場内の信頼できる人に相談することが必要でしょう。内容によっては、公的機関に相談に行くことも必要になります。被害状況から解放されるために、いち早く行動を起こすことをオススメします。

しかしながら、「ひどい目に遭っている」「冷たくされている」「私だけ損をしている」などといった思いがあるけれども、具体的にそれが何か明確に示せない場合は、何らかの原因で被害感情のとらわれ人《びと》になっている可能性があります。その場合には速やかな取り組みが必要になります。

何らかの原因で、被害を受けているという思いが高じる状況になってしまうと、強い不安や恐れの感情、苛立ちなどを強く感じやすくなります。辛くて、苦しくて、感情の制御が困難になり、言動や態度がきつくなってしまうことがあります。本当は思いやりのある優しい心の持ち主であるのに、つい人に声を荒げてしまう。他者のちょっとした仕草や動作を自分への不信感ととらえて、心ないことを言ってしまうという状況に追い込まれてしまうことがあります。

もし、この特性を自分が示しているとすれば、どのような処方箋が考えられるでしょうか。ここでは、改善に向けて、二つのアプローチを紹介します。

(2) どんな被害を受けているか事実に向きあうアプローチ

一つは、実際にどのような被害を、どの立場の職員から、どれくらい受けていると感じているのか、事実に向きあうアプローチです。明確に誰かから被害を被っていることがわかった場合は、職場内の信頼できる人に相談する、各地に設置されている総合労働相談コーナーなどの公的機関に相談を寄せるなどの行動を起こします。

実態が明らかにできなかったものについては、まず「事実関係が明らかにできなかった」という事実を冷静に受け止めます。誰かが不当なことを自分にしたという事実が確認できなかったという点を受容します。

ただし、〝感覚〟は否定しないでください。「被害を受けている気がする」「ひどい目に遭っている気がする」などの被害感情があることは否定する必要はありません。否定する姿勢を示すと、「こんなふうに感じる私が悪いんじゃないか」と自責、自己非難、自己否定的な思いが頭をもたげてきます。自分を攻撃してしまう場合がありますので、むしろ、その感情があるという点を、優しく受け入れるようにしましょう。

(3) 自分の成長を妨げるものを探り出す

そのうえで、二つ目のアプローチに着手します。他者ではなく、別の何かが自分の成長を妨げていないか、探すアプローチに取り組んでいきます。

その際には、自分が自分自身をどうとらえるかを点検し忘れないようにします。実は、被害者意識の根本原因が自意識に潜んでいるケースがあるからです。典型的な例は、自意識過剰で、他者からどうみられているかをことさら強く意識しているケースです。この意識の根底には、他者からよくみられたいという強い思いが潜んでいます。それが得られないと不安になるのです。不満感が募ってしまうのです。思うような評価が得られない状況が続くと、それが被害者意識に転化していく場合があります。思うような評価が得られないのは、「他者のせいだ」「誰かが私を貶《おとし》めようとしている」「正しい評価を誰かが阻んでいる」などという意識が強くなる場合があります。

また、「自分はこんなもんじゃない。もっとできる人間だ」との思い込みが強いケースもあります。自分を過信するケースです。このタイプの人は、他者からの評価に納得しません。他者からある一定以上の評価を受けているのに、それでは満足できません。「自分はもっとできている。だからもっと高い評価を受けるべきだ」と思い込んでいます。思うような評価が得られない状況にあるのは、「誰かが邪魔しているからだ」「悪意ある人がいるからだ」という思いを抱きやすくなります。そんな思いが高じて被害者意識を抱くようになるのです。

自意識過剰や過信などがベースとしてあり、そのために被害者意識の罠に陥っている場合は、自分をありのままにとらえるトレーニングが必要になります。「もっとできる自分」「高い評価を受けるはずの自分」という思いを手放し、素の自分と向きあっていくのです。具体的には、自分が今、何ができて何ができていないのか、職員としての力をチェックします。

例えば、介護職員の場合であれば、介護の専門職として自分ができることを、一日の業務を思い浮かべながら、可能な限りたくさん書き出します。その際は、利用者の視点から見て適切かつ十分にできているか点検するようにします。自分本位の視点で判断しないように注意

してください。続いて、利用者の視点から考えて、まだ改善の余地があり不十分だと思えるところをリストアップします。

確認できた不十分な点については、どうすればそれができるようになるか検討します。対応策を考え、実行に移していきます。こうした取り組みに着手すれば、ただ頭の中で「こんなはずじゃない」「もっとできる」ともがき苦しむだけの自分を成長へと導くことができます。

(4) もののとらえ方を見直していく

被害者意識を自分の心から払拭するには、もう一つ必ず取り組まなければならないことがあります。それは、もののとらえ方の見直しです。被害者意識は、他者の行動をネガティブな視点でとらえる習性が原因になっていることがあるからです。

具体的な取り組み方は次の通りです。

● 自分が不快だなと思う人の行動を、その場面と具体的な言動をセットにして、一つひとつノートに書き出していく

「どんな場面で」「どんな言動があったか」を書き出してみます。例えば、こんな感じで書き出します。

Ａ「話しかけると、眉をひそめる」
Ｂ「声をかけると、嫌な顔をした」
Ｃ「何を頼んでも、不機嫌そうな顔をする」
Ｄ「いつも言い方がきつい」

●ある程度、書き留めたら、書き出したものを、解釈なしにありのままに書き換えるようにする
見たままの状況を客観的に事実として再現するように書きます。そして、文章の最後には「ただそれだけ。他意はない」を付け加えます。これは、「目の前で起こったことは、何かが起こっただけ。他に特別な意味はありません。悪意があるものととらえる必要はないのですよ」というメッセージを自分の心に送り届けるためのものです。マイナスの感情で自分の目の前で起こった出来事をとらえないようにするための〝おまじない〟の言葉でもあります。

例えば、Ａ「話しかけると、眉をひそめる」は、「話しかけると、右の眉がピクリと少しだけ上がった。ただそれだけ。他意はない」と書き換えられます。同様に、Ｂ「声をかけると、嫌な顔をした」は、「声をかけたとき、口角が下がった。ただそれだけ。他意はない」、Ｃ「何を頼んでも、不機嫌そうな顔をする」は「何か頼むと、眉を寄せてしわをつくる動作をする。ただそれだけ。他意はない」、Ｄ「いつも言い方がきつい」は「いつもはっきりとものを言う。ただそれだけ。他意はない」となります。

このようなトレーニングを積み重ねれば、もののとらえ方が修正できるようになります。物事をネガティブにとらえ、心が傷ついたり、誰かに恨みや被害者感情を抱いたりする習慣から、自分を解き放てるようになります。

それでも、辛い状況に置かれ、どうしても「何で自分ばかりこんな目に遭うのか」という思いから逃れられない場合は、どうか次の課題にチャレンジしてください。

(5) 辛い目に遭った経験がない人はいるか？

「辛い目に遭ったことがない人を探す」という課題です。まずはあなたの周りから始めてください。まったく辛い目に遭ったことがない人が、どれくらいいるでしょうか。ただし、辛いかどうかを感じるのは本人の視点からです。あなたの視点で考えるのではありません。何をどれくらい辛いと考えるかは千差万別です。あくまでも、その人の立場から、考えるようにします。

さて、あなたの配偶者（パートナー）はどうでしょうか。父や母はどうでしょうか。祖父母はどうでしょうか。辛い目に遭ったことなど、一度もないでしょうか。心が張り裂けるような経験をしたことがないでしょうか。

親しい友人はどうでしょう。同僚、先輩、後輩、上司、部下はどうでしょうか。辛い目に遭ったことなどない人がどれくらいいるでしょうか。どんなににこやかな表情あるいは穏やかな表情を示している人であっても、話を聞いてみると、実は過去に、とても辛い経験をしたという話を耳にするのは珍しいことではありません。

こうした作業を行えば、誰もが分け隔てなく、当たり前のように苦難を経験していることに気づきます。苦難に大きいも小さいもありません。どう感じるか、どうみなすかに違いがあるのであり、どのようなものであろうと本人が苦難に感じれば、それは苦難となるのです。この世に、苦難を伴わない人生を送っている人は誰一人いません。この事実を見落とさないようにしなければなりません。

4 人に対する負の特性④ 過去に嫌なことをされたことがゆるせない

人間には共通の特徴があります。自分が他者に対して行った過ちは、どうにかしてゆるしてほしいと思います。ゆるしてもらえないと、どうしてこれくらいのことがゆるせないのか、との思いが頭をもたげてきます。懐の狭さに、怒りを感じてしまうこともあります。こうした経験は誰もがあるのではないでしょうか。

例えば、思春期の頃に、門限を守らず親から叱られたとき、叱った親に対して、〝それくらい大目に見てよ、私もう高校生なのに〟と思った経験はないでしょうか。この経験こそ、まさに自分の過ちは、他者に大目に見てほしいという心理の典型例です。

一方で、人にはこんな特性も備わっています。他者にゆるしてもらえないと嘆いていたその人が、他者から不愉快な言動や傷つくような言動を受けた場合、広い心でゆるせるでしょうか。もちろん、広い心で対応できる人もいます。が、現実的にはそのような態度を示せる人はあまりいません。

多くは次のような行動パターンを示します。他者には広い心でゆるしを求めるのですが、いざ自分が何らかの被害を受けると、簡単にはゆるさないという態度を示してしまいます。「過去に嫌なことをされたことがゆるせない」特性を示す人は、まさにこの状況にある人を指します。

では、一体、どうしてそうなるのでしょうか。そのメカニズムを説明しましょう。

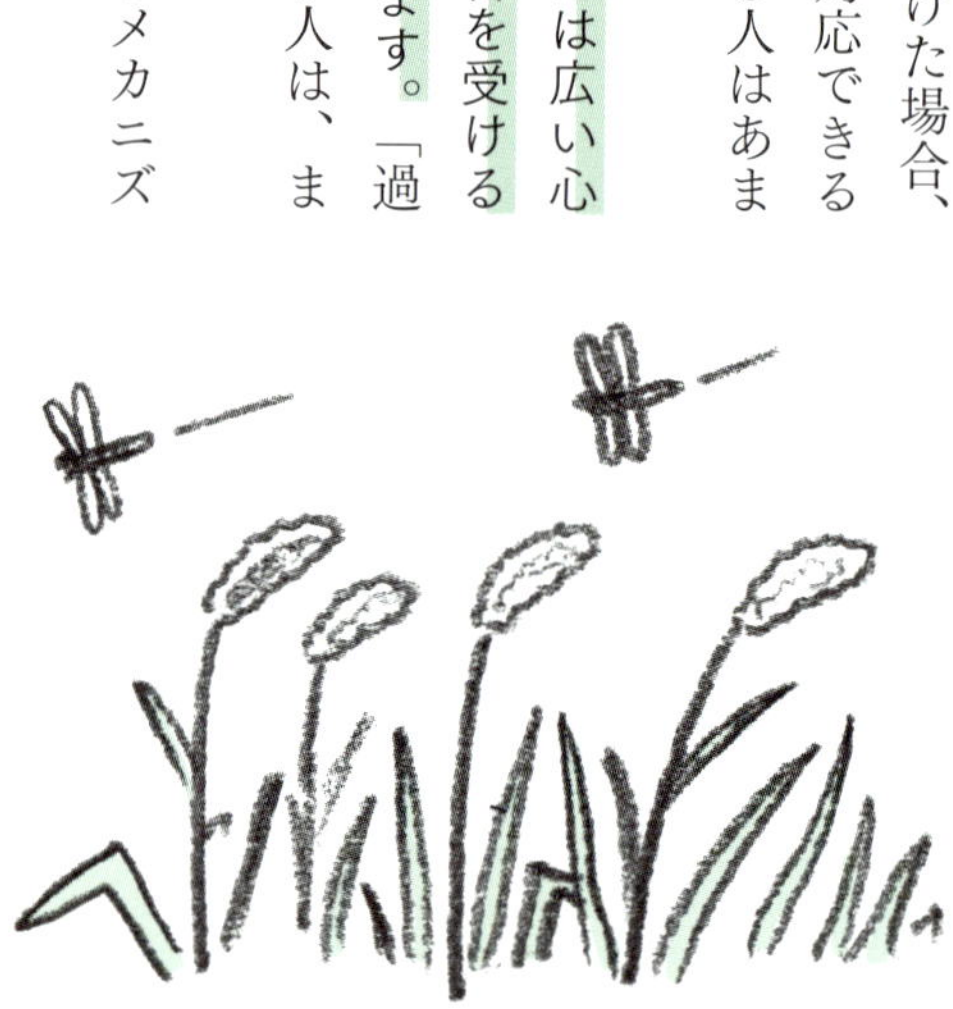

(1) ゆるせないという思いがもたらすもの

ゆるせないという思いを抱くと、その瞬間に、感情がマイナスの方向へと大きく揺さぶられます。怒りや苛立ち、悲しみの感情が心の奥底から湧き上がってきます。その感情は、ちょっとした仕草や言動に即座に反映されます。

言動の矛先が、「ゆるせない」と思わせるような行動を示した人だけに向けられるとは限りません。たまたま、周りにいた人に、向けられるケースが数多くあります。

人の心は決して強くありません。優しさあふれる人でも、怒り、苛立ち、悲しみなどの感情が目の前で示されれば、つい動揺してしまいます。負の感情は人の心に不安と動揺を与えてしまうものなのです。万が一、利用者にこの感情が向けられればどうなるかは想像に難くありません。利用者は著しい不安心理に追い込まれてしまいます。

ですから、もしあなたが「過去に嫌なことをされたことがゆるせない」特性を強くもつ状況にあるとすれば、速やかに対応に取り組まなければなりません。

(2) ゆるせないという思いに秘められた重要なメッセージ

まず取り組む必要があるのは、「ゆるせない」という思いのなかに潜む知られざるパワーの確認です。この思いには、過去に発生した出来事を、現在進行形で発生するものへと変えていく、信じがたい機能が備わっています。過去に発生した出来事とは、次のようなプロセスを経て心に刻み込まれた、辛くて苦しい経験を指します。

(1) 過去にある出来事が発生した。
(2) その出来事を辛いこと、苦しいこと、悲しいこと、嫌なことと解釈した。
(3) 怒り、苛立ち、憎しみ、悲しみ、悔しさ、恨みなどのネガティブな感情が心の中から湧き出てき

た。

(4) ネガティブな感情が、ネガティブな言動を生じさせるに至った（例：怒りで身体が震え、大声を上げた。辛さや苦しさで思考停止の状態になり、業務に集中できなくなった。「何で、こんな目に遭わなければならないのか」と自分に降りかかった出来事を嘆いた。苛立ちを人にぶつけるような言動を示した。悲しさに涙が流れた等）。

これらすべての事柄は過去に起こったことです。記憶としては残っていますが、もう終わったことであり、現在進行形の出来事ではありません。

ところが、その過去の出来事について、「ゆるせない」という感情を今この瞬間に抱くとき、過去のものではなくなってしまいます。過去の出来事を今この瞬間にもってきてしまうがために、心が痛みを感じはじめるのです。痛みや苦しみは、人から冷静さを奪い取り、不安感を強めます。そうなると、心のコントロールができなくなります。怒りや苛立ちの感情を露わに示しやすくなるのです。

(3) 痛みの根源に対するアプローチ

こうした特徴を踏まえたうえで、具体的な対応策を紹介します。まず取り組んでいくのは、痛みの根源に対するアプローチです。意識して、痛みが発生したところに出かけていきます。そこへ自ら出向き、先輩、後輩、上司、部下との関係のなかで何があったのか、確かめに行きます。痛みのもとに出かけるので、苦しいチャレンジになるかもしれません。痛みの根源である過去の出来事のもとに行けば、それを今この瞬間に体験してしまうことになるからです。でも、この過去の出来事は曲者で、意識しなくても今この瞬間にやってきます。何もしなければ何度も今この瞬間への不法侵入を繰り返しますので、自分から意識的に出向くようにするのです。

ただし、過去に発生した事実が著しい苦痛を伴う可能性が高いものであれば、この取り組みは行わないでください。取り組みを開始してからあまりにも大きい苦痛を感じた場合は、即、中止してください。この取り組みで、向きあう痛み（過去の嫌な出来事）は、あくまでも耐えられるものに限定してください。思い出すことによって、心の傷を深める二次被害に及ぶ可能性がゼロではないからです。

この点を押さえたうえで過去の出来事に出向きます。実際に何がどのように起こったのかを確認します。そのうえで、心の痛み度が1から10の段階でどの段階であるか数値化します（1は一番軽く、10は一番重いもの。注：一番重いといっても、自分が耐えられる痛みで一番重いという意味です）。

測定後、5以下の痛みを伴った出来事について、〝ゆるし〟を敢行します。「このことはもう気にしない。この行為から自分を解き放つ。行為に対する感情からも自分を解き放つ。もうこの行為にも、その感情にも、そして、行為者にも私は支配されない。自由になる」。

そう心の中で宣言します。誰も周りに人がいない空間でこの取り組みを行っているときは声に出しても結構です。これがうまくいくようであれば、数値が7以下の行為とその行為者に対する〝ゆるし〟にチャレンジします。こうした取り組みを繰り返し、最終的には、すべての行為と行為者に対する〝ゆるし〟の遂行を目指します。ただし、焦らずじっくり取り組む。ゆっくりと時間をかけて取り組むようにします。心の底からある行為とその行為者をゆるすというのは簡単ではありません。ゆるしたと思ったけれど、また、その行為と行為者に対して、「ゆるせない」という気持ちが湧き上がってくることもあります。焦らずじっくり忍耐力をもって取り組むようにしましょう。

ここで一点、取り組みにチャレンジした人から必ずといってよいほど寄せられる質問を紹介します。それは、「嫌なことをした人をゆるそうと試みたけれど、やはり心の底からはゆるせない。どうすればいいですか」という質問です。質問への答えは常に二段階で示します。

第一は、ゆるせない状況にあることを受け止めることです。その状況にある自分を責めないようにします。例えば、次のように声をかけ、まずは不安感の払拭を図ります。

「ゆるせない状況でいいんだ。〝ゆるし〟を試みるだけでもすごいことなんだ。だから、たとえゆるせなかったとしても、自分を恥ずかしいとは思わない。よくやったと心から労《ねぎら》う気持ちをもち続ける」

そのうえで、第二のアドバイスを行います。それは、〝ゆるし〟に感情は伴わなくてもいいというアドバイスです。相手の行為をゆるそうと思っても、被害を受けたという思いがあれば、どうしても心は動揺しやすくなります。「なぜ、この人をゆるさなければならないんだ。そんな必要はない」という思いが頭をもたげてきます。同時に、罰則感情も強く抱くようになります。そうなると、心は頑なになります。絶対にゆるさないという思いが強くなるのです。もし、自分がこうした状況にあるならば、こう自分に語りかけるようにしましょう。

「心は反応していいんだよ。その思いを抱くのは、当然のこと。その思いは抱いてもいいんだよ」

このように、思いを否定せず、受け止める姿勢を示して、こう自分に語りかけます。

「相手をゆるすことのもっとも大きな目的は相手のためではない。自分のためだ。その人に対する嫌な感情をもち続けている限り、自分の感情が反応し、傷つきを経験する。思い出すたびに苦しむという状態から、自分を解放したい。だから、私は相手のためではなく、自分の幸せのために相手をゆるす。私の心から、その人への苛立ちと怒りを取り除く」

こうすれば、〝ゆるし〟に対する抵抗感は小さくなります。自分の心に平安と安息を取り戻すための取り組みだとわかるので、受け入れやすくなるのです。

この状態に達することができれば、目的の9割は達成です。後は何もしなくて結構です。心穏やかな状況を堪能すればいいのです。いつか、忘れた頃に、気づくでしょう。傷ついた行為と行為者を心の底からゆるしていることに。自分の感情を抑えて接しているのではなく、ごく普通の素の心で接していることに。

ここに至れば、任務完了（mission accomplished）です。ゆるさないという感情から解き放たれ、何ものにも支配され邪魔されない自由が手に入れられるようになるのです。

5

人に対する負の特性⑤
心から人に優しくなれない
（心から人を愛せない、とげとげしい態度をとってしまう）

この特性のある人は、優しさがないのではありません。愛する心がないのでもありません。優しさが心の中にあるのに、それが行動で示せない状況にあるのです。

心の奥底には間違いなく優しさと愛があるはずなのに、表に出てくる言葉や態度がとげとげしくなってしまっています。他者に寄り添い、支えるのではなく、他者を傷つけ、遠ざけてしまう行動を示す状況に陥っているのです。

そもそも福祉の仕事は人に対する圧倒的な優しさと愛をベースとする専門職です。その基盤のうえに、専門的な知識と技術と経験が積み上げられ、プロと呼ぶにふさわしい適切かつ的確なサービスを利用者に提供していきます。それなのに、どうして、優しさや愛からは決して生まれてこないはずのとげとげしい言動が他者に向けられる事態が生じてしまうのでしょうか。

(1) 優しさと愛が示せなくなる原因

原因は三つ考えられます。一つは、優しさと人を愛する心が、無意識のうちに条件付きで与えるものになっているためです。条件付きの優しさと愛は、〝仕分け〟および〝選別〟作業が得意です。条件を満たすか満たさないかによって、優しさと愛の対象になるかならないか仕分けされます。条件を満たさない人には、優しさと愛は対象外のため、示されなくなってしまうのです。

条件付きの優しさと愛は、対価あるいは見返りとして付与されるものとなっています。しかも、ルールは明確です。まず先に相手側に優しさや愛を自分に対して示すよう要求します。相手が示した行動が基準以下であれば、優しさと愛が相手に提供されなくなってしまいます。

第二の原因は、自分への過信です。自分はこれまで職員として十分な働きをしてきたから、自分には他者から優しさと愛を受ける十分な資格がある。それなのに、他の職員から自分が欲する評価が受けられないのは、相手に非がある。無意識にこのように考えてしまうメンタリティに陥っているのです。

こうしたメンタリティにある人は、まさに自信満々。自分は職場に多大なる貢献をしてきたと思っています。もちろん、それはある面では事実に違いありません。利用者の生活状況の向上に貢献してきたでしょうし、他の職員の円滑な業務遂行にも貢献してきたことでしょう。

しかしながら、それはあくまでも自己評価であり、他者の見立ては異なるのです。自分の働きをどう評価するかという判断は、他者に任されています。主導権はあくまでも他者にあるのです。

自分が働きかけたことに対して、思うような反応をしてくれないから、相手に対して優しさと愛に基づく行動を示せないという態度は、交換条件的対応であり、驕《おご》りの産物であると指摘しなければなりません。この驕りの心情こそ、人が優しさと愛を示せなくなる三つ目の原因といえるのです。

条件付きの優しさと愛は、人の自由を保障するものとなっていません。人を支配するツールになっています。自己本位的な視点で、勝手に条件を付け、それに見合う人は受け入れます。条件に見合わぬ人は優しさや愛の対象とはせず、〝排除〟してしまいます。まさしく、この特性を有する人の典型的心理行動パターン——人に対して心から優しくなれず、とげとげしい態度をとってしまう状況——にどっぷりと浸かってしまうのです。

(2) 無条件で人に差し出す愛、「アガペー」

そもそも、優しさや愛情とは何でしょうか。それは相手の自由を、条件をつけて奪うことではありません。無条件に自由を保障することです。

福祉専門職が自己の基盤を固めるコーナーストーンとすべきは、ギリシア語で無条件で他者に与える愛を示す「アガペー」です。これは見返りを求めない優しさと愛を指します。[注2] まさに、この「アガペー」に基づく福祉実践が、福祉領域で働くすべての人に求められているのです。

では、どうすればこの使命を着実に果たせるようになるのでしょうか。

(3) 感謝、感激、感動を心のベースに置く

そうなるためには、感謝、感激、感動を心のベースにおいて日々の業務に携わることが求められます。

感謝は、すべての存在、すべてのもの、すべての人に示すべきものです。いついかなるときも絶えず感謝の心をもち続けるのです。自分が今、こうしてこの世にいることに感謝します。朝、目覚めたことに感謝、新しい朝が来たことに感謝。雨の日は、雨が大地を潤し、それが草花、農作物の成長につながっていくことに感謝。職場に無事到着できたことに感謝。「おはよう」と気持ちよく仲間とあいさつできることに感謝。福祉の仕事に携わっていることに感謝、利用者と時を共に過ごせること、利用者から今日も新しい何かを学べることに感謝。このような形で、感謝を心の宝として積み上げていくのです。

感激と感動もすべてのものに向けられます。そのためには、今この瞬間に経験するすべてのことに感激と感動があることを忘れないようにします。自分が努力しなくても必ず夜明けが来ます。新しい朝が迎えられます。それは、まさに喜びでありサプライズといえます。感激と感動に値するものなのです。

朝、もし鳥の声が聞こえたら、感激と感動の心で耳を側立てる。そうすると、鳥は毎朝いつもさえずり続けていたことに気づくかもしれません。通勤途上に見かける街路樹が季節ごとに変化していることに感激、感動できます。日々の業務の一つひとつの場面でも同じです。いつもの当

たり前の業務、当たり前に思える利用者との関わりのなかに新しい発見が潜んでいます。

感激と感動はどこにでもあります。それを意識して、感激と感動のうちに一瞬一瞬を過ごしていくのです。日々の当たり前の出来事のなかに、ほんの小さな取るに足らないような出来事のなかに、感激と感動を実感しながら過ごす人になれるか。私たちの周りには感激と感動のタネは数限りなくあります。であるとすれば、感激と感動をせずに過ごすのはもったいない限りです。人生のなかで経験する一瞬一瞬のドラマを受け身ではなく、積極的に、感激と感動の心をもって過ごしていくことが求められているのです。

私たちが、日々の人生のなかで感謝、感激、感動するような体験ができるのはなぜでしょうか。その体験をするに値する何らかの行動ができているから、体験できているのでしょうか。答えは「ノー」です。無条件にその機会は提供されているのです。毎日、朝が来るし、鳥のさえずりは聞こえる。通勤途上に目にする街路樹は毎日、素晴らしい自然の美を見せてくれる。業務のなかでは利用者との素晴らしい出会いが待ち受けています。日々の出会いを通して、新しい一面が発見できるという喜びの体験ができます。うまくいかない経験をすることもありますが、時が経ち、しばらくすると、その体験があるから、今の成長につながったのだと実感する経験を何度も私たちはしてきました。

⑷ 油断をすると驕り、高ぶり、高慢、傲慢の罠に陥る

これらの体験は驚くべきことに無償で、無条件に与えられています。だから、私たちは常に、謙虚な心をもち続けなければなりません。この無条件に与えられている機会を当たり前のこととらえないようにしなければなりません。あまりにも、日々当然のごとく経験する出来事なので、感謝も感激も感動もしないで過ごすという傲慢の罠に陥らないようにしなければなりません。

人は、油断すると、驕り、高ぶり、高慢の罠に陥ることがあります。自分のまわりにあるものに対する感謝、感激、感動の気持ちがなくなってしまうと、謙虚さを失ってしまいます。今自分がここにこうしているのは自分の力でなし得たことと誤解しはじめるのです。自分以外のさまざまな助けによって今、自分がこうしてここにいて、日々の生活が送られていることがわからなくなることがあるのです。

驕り、高ぶり、高慢、そして、傲慢の罠に陥れば、私たちが本来もちあわせている優しさや愛情は心の奥底に封印され、表に出せなくなります。出てくるのは、他者に対する傲慢な態度。「私が思うような行動をとりなさい」「そうではなければ、罰則さえ辞さない」という姿勢を見せる場合があるのです。意に沿わない動きをする利用者には厳しく接する。乱暴な対応をするといった行動を示す場合もあります。自分の思う通りに動いてくれない人にはあからさまに冷たい態度を示す。相手が不快に感じたり、威圧感を感じたり、不安感を強く抱く行動をとりはじめる

ことがあるのです。

(5) ありがとうの気持ちをもち続ける

こうした罠に陥らない人になるには、ありがとうという感謝の気持ちを心のベースに置くよう努めなければなりません。人は知らないところで、さまざまな人に支えられて生きています。自然にも支えられて生きています。一人で生きているのではなく、この世に存在するすべてのものに支えられながら生きています。

「食事をいただく」という日常的な行為に関してもそうです。何割ぐらいの部分が自分だけでできているでしょうか。食材は誰が作っているでしょうか。食材を生産者から買い取り、保管し、調達してくれるのは誰でしょうか。それを販売してくれるのは誰でしょうか。料理を作るときに使用する調理器は誰かが作り、何らかの販売ルートを通して、調達されたものです。数えきれないほどの人に支えられて、日常の食事という行為が成り立っているのです。この事実を前にすれば、自分自身が取るに足らない存在だという事実に気づけます。驕り、高ぶりの気持ちから解放さ

れ、感謝の気持ち、さらには謙虚な気持ちでいっぱいになるのです。
福祉の職場で働く職業人としての生活についても思いをめぐらしてみましょう。私たちは生まれながらにして強固でコントロールが難しい承認欲求をもちあわせているがために、「他者からどれくらい自分がやっていることが認められているか」ばかりに心が奪われがちです。「認められている」と実感できなければ、心穏やかでなくなります。「なぜ、私のことを認めてくれないのだ」と憤りを示したくなります。

(6)「支えてくれてありがとう」リストの作成と共有

こうした不満感がくすぶっている福祉の職場で、研修を引き受けたことがあります。前半の講演の部で、私は次のような提案を職員にこう語りかけました。

「**自分が認められないという気持ちはわかります**。**でも、その前に、どれだけの人があなたのことを日々支えているか考えてみましょう**」

そのうえで、次の点について、思いをめぐらすように伝えます。
職員の勤務表を整えてくれるのは誰でしょう。業務の役割分担を示してくれたのは誰でしょう。出勤してきたときに、気持ちの良いあいさつをしてくれるのは誰でしょう。勤務中に必要な情報を伝えてくれるのは誰でしょう。チームや部署全体の動きに目配りしてくれたのは誰でしょう。自分が今対応している利用者以外の人をケアしてくれているのは誰でしょう。自分が今、ある利用者への支援に思った以上に時間を要し、次の業務に移れなかったとき、さりげなくその業務をカバーしてくれたのは誰でしょう。

このような形で、自分の周りに支えてくれている人がたくさんいるという点を強調したうえで、後半の部で、個人ワークとグループワークに取り組んでもらいました。

個人ワークでは、一人ひとりの職員に、「支えてくれてありがとうリスト」をノートに書き出すようにアドバイスしました。これは他の職員に支えてもらっていると感じることを感謝の気持ちを込めながらノートに書き出していく試みです。このワークは、付箋紙を用いて、実施することもあります。大きめの正方形の付箋紙に、可能な限り、たくさん、他者から助けてもらったなどと感じていることを書き出してもらうのです。自分の業務に直接関連のあることばかりでなく、間接的なことで目に見えにくい事柄も書き出すようアドバイスします。

そうすると、次のようなものが、「支えてくれてありがとうリスト」に書き込まれていきます。

CHECK

【支えてくれてありがとうリストの例】

・出勤すると、気持ちよくあいさつしてくれる人がいる。
・勤務希望について、事前に丁寧に聞き取ってくれる人がいる。

・制度についてわからないことに関して、教えてくれる人がいる。
・ゴミが落ちていると拾って、清潔な環境に心がけてくれる人がいる。
・整理整頓が行き届いていないところを、片づけてくれる人がいる。
・やり忘れていた仕事をカバーしてくれる人がいる。
・体調が悪いときに声をかけてくれる人がいる。
・書類の提出が遅れないように、リマインドしてくれる人がいる。
・利用者に関することについて、知らなかったことを丁寧に教えてくれる人がいる。
・苦手業務をどうすれば克服できるか、教えてくれる人がいる。
・福祉の専門職として、良い手本を見せてくれる人がいる。

個人ワークの後に、グループワークにとりかかります。一人ひとりが書き上げた「支えてくれてありがとうリスト」を紹介しあうのです。こうして、目に見える形で確認すると、支えあいながら働いていることが実感できるようになります。そして、他者を支えている部分よりも、他者に支えてもらっている部分がはるかに多いことがわかります。なぜ、支えてもらう部分のほうが多くなるのでしょうか。答えはシンプルです。数でいえば、自分よりも、他者のほうが多いからです。

人に対する感謝の気持ちは、優しさと愛情を行動へと移す大きな原動力になります。その重要な取り組みの一つとして、「支えてくれてありがとうリスト」を作成しましょう。そうすれば、自然な形で、あなたの優しさが人に自然な形で示せるようになります。

6

人に対する負の特性⑥
他者の欠点ばかりあげつらう

この特性を示す人は、他者のいいところに目が向きません。不十分なところばかりに目を向ける特徴があります。行動はエスカレートしやすく、ごく小さな欠点でさえ深刻甚大な欠点であるかのようにあげつらうようになります。自分の指摘に応じない職員には、敵対心を露わにします。攻撃的言動を示したり、完全無視、あるいは、悪口、陰口などの手段で、心に大きな痛手を与えようとすることもあります。

このタイプの人が得意なのは、他者に対して、「認めない」「感謝しない」「ねぎらわない」の〝3《さん》ない〟の姿勢を示すことです。この姿勢を示されると、共に働く職員は動揺します。自分が何か気に障ることをしたのかと不安になります。不安感が緊張感をもたらし、業務パフォーマンスが落ちれば、「他者の欠点をあげつらう」人の格好の餌食となります。これみよがしに、攻撃的言動に出ます。「また、こんな失敗をした。だからこの人はダメだ。迷惑だ」と陰に陽に指摘しはじめるのです。

(1) 自分よりも弱いと判断する人がターゲットになりやすい

欠点をあげつらい、不安な状況に追い込むのは、たいてい、自分より弱い立場にある人です。職員であれば、勤務経験が浅い後輩職員、新任職員がターゲットになります。経験年数があっても、他部署から異動してきた職員もターゲットになります。新しい部署に関してはまだ十分に業務手順や方法を理解していないので、〝攻撃〟しやすいと判断するからです。

欠点やマイナス点などに関する不適切かつ不当と思えるような指摘は、利用者や家族に対しても行われることがあります。それは、他の職員との会話のなかに表れます。例えば、「あの利用者は転倒しやすいのに立ち上がろうとして困る」「あの利用者、気に入らないことがあると声を荒げて困る」「あの家族はしょっちゅう文句ばっかり言ってくる」と一方的な見方でことさらにマイナス点ばかりあげつらってきます。言い方が断定的できついケースが多いので、他の職員は同調せざるをえない状況に追い込まれます。一度でも他の職員からの同調が得られれば、不適切な言動はエスカレート。自分が「気に入らない」と感じる利用者や家族に対して、冷淡、指示的、指導的、威圧的な不適切な言動がひっきりなしに示されるようになります。この状況が放置されれば、部署全体あるいはチーム全体が著しい業務レベル低下の状態となってしまいます。

「他者の欠点ばかりあげつらう」人の残念な特性は、一部の特異なパーソナリティを有する人が示すわけではありません。油断をすると、誰もが示すようになるので要注意です。読者であるあなたも例外ではありません。今までの人生あるいはキャリアのなかで、他者に対して少しでも欠点をことさらに指摘するような態度を示した経験があるとすれば、またいつ同じような姿勢を示すようになるかわかりません。だから、油断せず、自分が他者の欠点をあげつらう姿勢や行動特性を示していないか、自己を振り返り、点検するよう努めなければなりません。

(2) 他者にマイナスの眼差しを向ける傾向がないか自己チェックする

ここでは、誰もがすぐに実施できる自己チェック法を紹介します。私が独自に作成した「他者に対するマイナス視点チェックリスト」に目を通し、自分自身が示す他者への眼差しがどれくらいマイナスの方向に傾いているか点検します。自分にその傾向があると思う項目にはチェック欄に○を付けます。そのような傾向は自分のなかには見受けられないと判断する項目には×を付けます。○か×か迷う場合は○を付けます。それでは、自己チェックにチャレンジしましょう。

CHECK

【他者に対するマイナスの視点チェックリスト】

□ (1) 他者に対して、「この人は困った人だ」「手に負えない人だ」「何となく嫌な人だ」などとマイナスのレッテルを貼ってしまうことがある。

□ (2) 自分が期待するような行動を示してくれない人がいると、苛立ちを感じる。

□ (3) 他者の良いところではなく、悪いところばかりに目がいってしまう。

□ (4) 他者に対する言動がとげとげしくなることがある。
□ (5) 他者が気持ちよいと感じるあいさつができていないことがある。
□ (6) 他者の存在や働きを認める、他者の働きに感謝する、そして、労うという姿勢が十分に示せていない。
□ (7) 一度ネガティブな視点でとらえるようになった人には、その後、ずっとその見方が続くことが多い。
□ (8) 自分のやり方とは異なる働き方をする人には苛立ちを感じる。
□ (9) 休憩時間の他の職員との会話、あるいは、勤務中の会話は、他の職員に関する悪口や陰口が多い。
□ (10) 人が自分のことを悪く思っているのではないか、陰口を言っているのではないかと思うことがよくある。

これらのチェックリストにチャレンジした結果、○がたくさん付いた場合は、「他者の欠点ばかりあげつらう」特性を顕著に示している可能性があります。○が少ない場合も油断は禁物です。○が一つであっても、その具体的内容によっては、他の職員や利用者に著しい不安感や不信感を抱かせている可能性があります。

チェックの結果、他者に対してマイナスの視点で見る傾向が強いことがわかった場合は、ストレングス視点で他者を見るための取り組みに着手しましょう。

(3) 相手をあるがままにとらえる

その方法は、「人に対する負の特性③　被害者意識が強い」への対処法のところで、もうすでに紹介しました（179頁参照）。他者の行動、仕草、姿勢などをマイナスの感情を入れずに、あるがままにとらえる方法です。他者のある行動について、苛つきや不安、マイナス視をしてしまう自分がいるとすれば、「今、彼は自分の発言を示しただけ。ただそれだけ。他意はない。私を攻撃したり、やり込めたりしようとしたわけではない」といったとらえ方を意識します。こうした取り組みを行い、他者をマイナスの視点で見る姿勢に修正を加えていくのです。

(4) ストレングス視点習得へのチャレンジ

続いて、ストレングス視点の習得にチャレンジします。方法は次の通りです。

(1)　苦手意識を抱く人、不快感・不信感・不安感を抱く人、マイナスの視点で見てしまっている人を頭の中に浮かべる。

(2)　頭の中に浮かんできた人に対して、一人ひとり順番にその人の良いところをノートに書き出す（注：この作業の際に、名前は絶対に書き出しません。イニシャルも不可です）。ストレングスとして確証がないものも、可能な限り書き出すよう努めます。想像力をフルに発揮し、「こういうところがあるかもしれない」という点も含めて、良いところを書き出していきます。

(3) 書き出したノート（付箋紙）に定期的に目を通す。機会がある度に目にするようにします。

(4) 勤務時間中、その人を見かけ、マイナスの感情が心の中に湧き出てきたら、プラスの視点でとらえ、ノートに書き出した内容を心に思い浮かべる。「○○さんは細かいことに気づける人」「○○さんは自分の意見を勇気を出して発言できる人」「○○さんは間違いをそのままにしないで指摘して正そうとする人」などと、心の中でつぶやくようにします。

そうすることによって、マイナスの思いに支配されそうになった自分を、プラスの視点へ引き戻せます。マイナスの視点で見そうになる自分を、正しい方向に導けるようになります。

7

人に対する負の特性⑦

他者の言動に即座に反応しないと気が済まない

この特性を示す人は、残念なことに、人の話が聞けないという特性も併せもっています。相手の思いをじっくりと聞こうとする姿勢が欠落しているのです。相手が何かを言ってくると、すぐに言葉を返して、会話の主導権を握ってしまいます。こうして、本来、一番話を聞いてもらいたい人が、聞き役を演じることが求められるようになってしまうのです。

もし、話しかけてくるのが利用者であれば、十分に話を聞いてもらえないので、抱えている問題が解決できないままで終わる公算が大きくなります。自分の思いを受け止めてもらえなかったという印象を強く受けるので、不満感や不安感でいっぱいになります。

他の職員が相談事があって、「他者の言動に即座に反応しないと気が済まない」人に声をかける場合も、同じような状況が生じます。相談を寄せてきた職員は、自分の考えや思いを聞いてもらおうと思っているのに、すぐに話の主導権が相手に奪われてしまいます。聞いてもらえなかったという不満足感が強く心に残るのです。

この特性をもち続けていると、利用者からも職員からも信頼が得られにくくなります。人望は低下し、気がつくと周りに誰もいない状況に陥ってしまうことがあります。この特性から自分自身を解放するためには、他者からの働きかけに対する反応の仕方を制御しなければなりません。

(1) 聞く側に徹し〝聞き切る〟

人は誰か他者から声をかけられたり、相談を寄せられたりすると、無意識のうちに速やかに反応しなければという思いに駆られます。適切で的確な受け答えをして、相手に喜んでもらいたいという思いを強く抱いてしまうのです。これは多くの人が抱く当たり前の思いです。この段階で留まるならば、何も問題はありません。問題になるのは、慌てふためきパニックになり、すぐに、相手の話に介入し、主導権を奪い取ってしまう状況になることです。

そうならないようにするためには、「聞く側に徹する」を大原則にしなければなりません。漫然と話を聞くのではなく、相手の話を存分に〝聞き切る〟つもりで耳を傾けるようにします。相手が話しやすいように、うなずくというボディアクションや「あ、そうなんですね」というあいづちの言葉を入れるようにします。これはコミュニケーションの技法で言えば、「促しの技法」と呼ばれるものです。

話をより深く聞き切り、思いを引き出すためには、沈黙の技法も有効です。相手が何かを話し、言葉に少し詰まったとき、「大丈夫、ゆっくり聞きますよ」という表情や姿勢を示しつつ、静かに相手の発言を待つのです。

「他者の言動に反応しなければ気が済まない」特性の人は、この沈黙の技法が不得意です。待てずに、しゃべり出し、主導権を奪ってしまうのです。そうならないようにするには、相手が話し出すのを忍耐強く静かに待つよう努めなければなりません。

(2) ゆっくり、ゆったりと話す

次に紹介したいのが、ゆっくり、ゆったりと話す姿勢です。「他者の言動に反応しなければ気が済まない」特性の人は気が急く傾向が強くあります。「早く反応しなきゃ」「すぐに対応をしなきゃ」といった強迫観念に駆られる傾向もあるために、動作や話し方が気忙しくなりやすいのです。もし、自分にこの傾向がある場合は、意識して動きをゆったりとしたものにしましょう。話し方も意識して、ゆったりしたリズムに変えていきましょう。

心の中で、「焦る必要はない。ゆっくりじっくり、時間をかけて話を聞く」「反応ではなく応答を心がける」。こうつぶやいて、動作の制御に努めます。業務と業務の間の時間や移動の時間には、このつぶやきを繰り返します。何度も何度も繰り返し、習慣として身につけるようにしましょう。

8

人に対する負の特性⑧
他者と自分を比較したがる

この特性のある人は二つの対照的な特徴を併せもっています。一つは劣等感が強いという特徴です。他者と比べていかに自分が劣っているかをことさらに意識しています。そして、「自分は何をやってもダメ」「人に迷惑ばかり掛ける」などと思い込む傾向があります。

もう一つは優越感です。とはいえ、意識的にそうしているのではありません。人の姿や状況を見て、「ああ、自分があの状況でなくて良かった」「自分のほうがましだ」と無意識のうちに、優越感に浸る状況になっているのです。自覚症状がないために、ある意味では状況は深刻です。無意識のうちに、人よりも上に立つような姿勢を示すようになるからです。

優越感から生じる典型的な心情は、同情心です。他者を「可哀想に」ととらえる心情です。同情心は他者への思いやりにつながるケースもあるのですが、油断をすると、相手のマイナス面だけを誇張してみる癖を自分のなかに作ってしまうことがあるのです。

他者との比較で劣等感を感じやすい人には、自分に自信がなく、自己卑下的言動あるいは自己嫌悪的姿勢を示す傾向が強くあります。「私は役に立たない」「人に迷惑を掛けてばかりいる」といったとらえ方をし、自己有用感や自己効用感が低い状況にあります。実際には、自分の素晴らしさを認めてくれている人がいるのに、自分は「まったく良いところがない」と思い込む傾向があるのです。

こうした思いが心の奥底にあると、苛立ち、怒り、不安、恐れなどの負の感情が増殖しやすくなるのです。これらの感情で心が席巻されると、不安定な心理状態になります。ちょっとしたことで心が過剰反応をしてしまい、マイナスのエネルギーを外に放出するようになります。

優越感から生じる同情心も、他者に大きなマイナスの影響を及ぼします。同情心は、あからさまな上から目線にはなりませんし、乱暴な対応にもなりません。同情心を示す人も、相手への同情を愛情から生じるものととらえているので、それがマイナスの影響をもたらすとは思ってもいません。本来、同情心そのものは忌むべき存在ではありません。思いやりから生じるものであるのは疑いのない事実です。しかしながら、使い方を誤り、上から目線の姿勢に陥る人がいるのも事実です。実は、同情心は扱いが極めて難しい心情でもあるのです。

(1) 同情心はパトロナイゼーションへと転化しやすい

同情心は、間違った方法で用いると、「可哀想な人を助けてあげる」「何もできない人を助けてあげる」などといった具合に、〝助けてあげる〟形式の対応に陥ってしまうことがあるのです。

いわゆる、上から目線の同情的対応に陥ってしまうのです。これを専門用語ではパトロナイゼーション（patronization）といいます。経済的・社会的に有利な立場にある人が、困窮状態のある人に金品などを提供し、〝助けてあげる〟と上から目線の対応をし、相手を精神的に支配していくことを指す用語として使われています。この姿勢の恐いところは、「可哀想にと思って助けてあげているのだから、ありがたくいただけ！」といった傲慢な姿勢を生み出す点にあります。つまり、パトロナイゼーションは利用者への支配を生み出すものであると同時に、あらゆる形態の虐待を生み出す温床にもなり得るものなのです。

実をいうと、ノーマライゼーション、インテグレーション、エンパワメント、アドボカシーなど、わが国でも福祉用語として定着したさまざまな概念は、パトロナイゼーションとの訣別を目指した実践理念および実践思想といえます。そのベースには、支配的同情心に基づく、「助けてあげる式」すなわち「してあげる式」の援助姿勢との訣別という意味が含まれているのです。

(2) いまだ消え去らない「助けてあげる式」の援助姿勢

わが国の福祉の現場を見ると、この姿勢が完全に払拭できているとは言いがたい状況にあります。残念ながら、専門職として働く職員のなかにもこの姿勢を示す人を見かけます。その人たちの特徴は行動面でいうと、物腰がやわらかで、優しく見えます。ところが、自分の意図とは異なる行動を利用者が見せると心穏やかでなくなります。そして、態度が豹変するのです。冷たい態度がみられるようになります。例えば、高齢の利用者に対して、敬語で話しているのですが、その響きは冷たく、距離を置く言い方に変わってしまうことがあります。

こうした姿勢を示す人の心の奥底にはパトロナイゼーションが潜んでいます。思い通りに動いてくれないときは、優しさの供給はストップするという姿勢を示します。時には、その段階に留まらず、無視や放任などの処罰を与えるかのような行為に及ぶ場合もあります。そんな姿勢をもたらす危うさが、同情心をベースとした姿勢に潜んでいることを見落としてはいけません。

(3) 他者との比較姿勢を全面停止する

さて、この状況に、万が一、自分自身が陥っている場合、どうすればいいのでしょうか。必ず取り組まなければならないのは、比較姿勢の全面停止です。自分のなかから、人と比較する姿勢をすべて取り除いていくのです。

なぜ、全面停止する必要があるのでしょうか。理由は二つあります。一つは、他者と自分を比較する心理特性が、福祉世界で働く人を誤った支援姿勢へと駆り立てる重大要因になるからです。

もう一つは、他者と自分を比較する姿勢があれば、フェリックス・P・バイステックが個別援助の原則として示した、「非審判的対応」(non-judgmental atritude)の習得と実践が叶わぬ夢となってしまうからです。

この点を理解するためには、バイステックがなぜ「非審判的対応」を唱えたのか、正しく理解しなければなりません。彼が、他者を〝審判〟(ジャッジ)してはならないと強く主張したのは、裁く姿勢が相手への支配につながる恐れがあるからです。パトロナイゼーション的姿勢、上から目線の同情心で「助けてあげる式」の支援姿勢に結びつきやすいからです。

福祉専門職に求められるのは、利用者に寄り添い支援する姿勢です。しかしながら、福祉の世界の現実をみると、高齢者施設でも、障害者施設でも、子ども福祉関連施設でも、〝裁き人《びと》〟になっている職員を見かけることがあります。〝裁き〟の対象になるのは利用者だけではありません。自分の意に沿わない言動を示す同僚、後輩、部下、先輩、上司等に対して、相手の非を一方的にあげつらい批判して、裁くような言動を示す人を見かける場合があるのです。

このような現状があるからこそ、声を大にして主張しなければなりません。福祉の世界で働くすべての人は、自分と他者とを比較する姿勢を手放さなければなりません。同時に、他者にマイナスのレッテルを貼り、裁いてしまう姿勢も放棄しなければなりません。

裁きは、人を何かの基準に照らして、罰を与えようとする姿勢につながります。人にマイナスの誤った不適切なレッテルを貼り、上から目線で支配的な対応を生み出す温床となるのです。そうならないために、裁きを一切ストップすることが福祉職員には求められているのです。

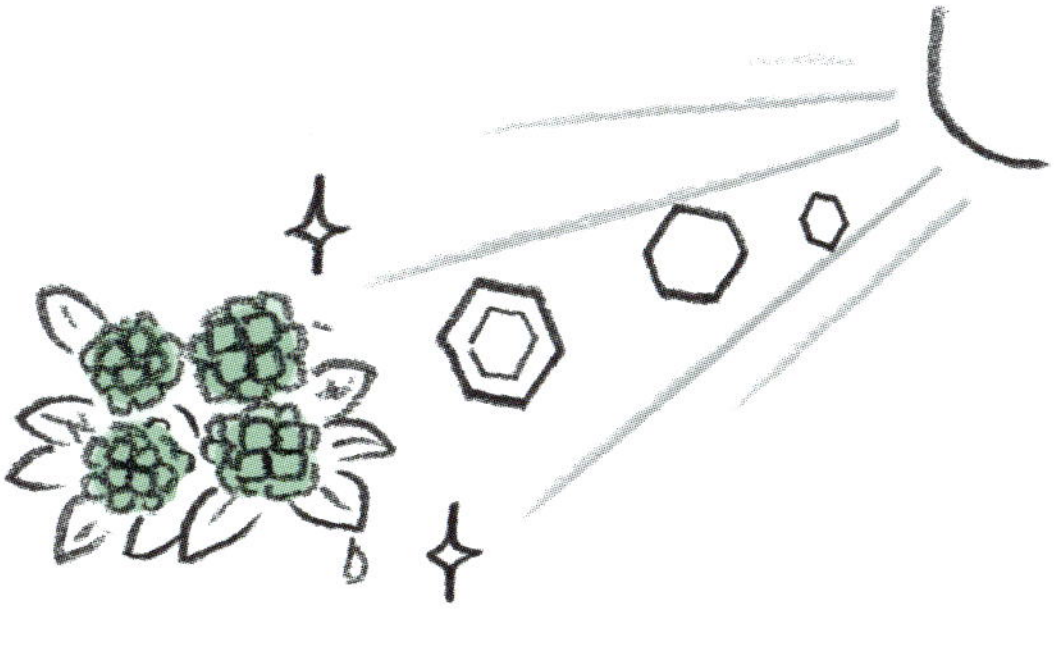

9

人に対する負の特性⑨

他者に安心感を与える基本姿勢が身についていない

この特性を示す人は、良好な人間関係づくりに欠かせない、笑顔、傾聴、あいさつの三点セットが身についていません。そのために、「他者に不安感を与える」「他者の思いが把握できず寄り添えない」「他者を明らかな形で攻撃しているわけではないのに、気がつくと人が遠ざかっている」という状況に陥っています。このタイプの人は、資格も経歴も申し分ないのに、人間関係に必須の三点セットを持ち合わせていないケースがあるのです。

笑顔、傾聴、あいさつは他者との間で信頼をベースとした関係を作るうえでの必須ツールといえます。同時に、他者に安心感、落ち着き、穏やかさなどをもたらす重要な要素でもあります。笑顔は人に安らぎを与えます。傾聴は相手に「自分のことを大切にしてくれている」という思いを実感させるものです。あいさつは、人間関係の事始め的存在。不可欠の要素であるという点は、もはや説明するまでもありません。

(1) あいさつの効用と重要さを再確認せよ

これらの三点セットのなかで、ことさらに力を入れて取り組んでほしいものは、あいさつです。理由は、福祉の職場との長年の関わりのなかで、ある重要な事実に気づいたからです。あいさつが十分にかわされている職場では、職員が安心感に包まれながら働いていることが、表情から伝わってきます。業務パフォーマンスも高く、接遇も高レベルな状態にあります。職場全体が明るい雰囲気になっています。あいさつが不十分な職場では、多くの職員の表情から苛立ち感や不安感が伝わってきます。業務パフォーマンスは停滞気味で、利用者に対する接遇姿勢も低レベルの状態にあります。職場全体が重苦しい空気に包まれています。つまり、あいさつが、そこで働く職員の心理状態や業務パフォーマンスを左右する重大な要因になっているとの事実に気づいたのです。

多くの人にとって、あいさつは、習慣のなかで習得したものです。家庭生活、保育施設・教育機関、地域社会・近隣との関わりなどで、人とかかわるなかで体得していくものです。基本動作には共通点があるものの、一人ひとりのスタイルは微妙に違います。大人になるにつれて、独自のスタイルが出来上がっていきます。ある意味では、あいさつはその人の人間性を味わい深い形で醸し出すものともいえます。あいさつは、その人独自の人間観、人生観、ものの見方や考え方、生き方、自己認識などが凝縮され、反映されたものといっても差し支えありません。

(2) どのような心持ちであいさつをかわすかが重要

しかしながら、あいさつは、どのような心持ちでかわすかによって、まったく異なるメッセージを相手に伝えてしまうことがあります。安心ではなく不安、心の落ち着きではなく焦り、平穏ではなく怒り、愛情ではなく嫌悪、その他、ありとあらゆるマイナスのメッセージを相手の心に届けてしまうことがあるのです。

あいさつは、一瞬のうちにかわされるコミュニケーションです。身近な人との間で日常的にかわしあうものですから、一度どこかで誤解が生じると、誤解が誤解を生むという悪循環に陥りやすいのです。

あいさつには、こうした危うい側面があるので、「できる」という思い込みがもっとも危険なのです。もし、これまで振り返ることなく、「できている」と思い込んでいるとすれば、自分自身が知らないうちに、日々、不安感をまき散らす人になっている可能性があります。

(3) あいさつを自己点検する

そうならないためには、自分のあいさつがはたして安心感をもたらすものになっているか、点検する姿勢が必須となります。

点検する際には、相手目線でのチェックに努めなければなりません。徹底的に、受け手側の立場に立って、あいさつが今のままでいいかチェックします。相手に対する敬意の気持ち、信頼の気持ち、大事にする気持ちが伝わるものになっているか。相手に出逢うことに喜びを感じるという「喜びのメッセージ」が相手に伝わっているか。そうした観点から自分自身を振り返っていきます。不十分な点に気づいた場合は、速やかに修正に取り組んでいきます。

(4) あいさつに必須の四要素

続いて、よりよきあいさつができる人になるための心の必須要素を紹介します。それは、喜び、信頼、感謝、愛の四要素です。なぜ、ここで基本動作ではなく、心の要素を紹介するのでしょうか。それは、心が今どのような状態であるかが高品質な動作を生み出す源になるからです。

あいさつを豊かで質の高いものにしていく第一の要素は、喜びです。あいさつをするときには、喜びを伝えることに力を傾注します。「あなたに会えて嬉しい」という率直な気持ちを伝えるようにします。もちろん、これは状況によっては困難を極めるかもしれません。例えば、あいさつをする相手に何らかのマイナスの感情を抱いている場合はどうでしょうか。心からの喜びを困難にする可能性があります。ついつい、「ムリだ」「これはできない」と言いたくなります。

もし、そんな気持ちを抱く人がいるとすれば、グッドニュースをお伝えします。あいさつのときに、必要とされる心の喜びは、「完璧なもの」である必要はありません。最大限の努力で十分です。大事なのは心の姿勢です。「あなたにマイナスの感情を抱いているけれど、喜びをもってあいさつできるよう最大限努力します」という姿勢で良いのです。この姿勢がもてれば、どんな表情で、どんな口調で、どんな動作であいさつをすれば、喜びが伝わるか、冷静に考えられます。相手に対する敬意と優しさが無理がない形で伝えられるようになります。

第一の要素である喜びが伝えられるようになれば、第二の要素である信頼、第三の要素である感謝、そして、第四の要素である愛もスムーズに届けやすくなります。あいさつをする際には、いつも、信頼と感謝と愛をもって、行うように心がけていきます。心の中でわだかまりを感じる人とあいさつをかわす場合には、その前に、「人は誰もが信頼できる存在」「感謝される存在」「愛される存在」と心の中でつぶやくと効果的です。ポイントは、「ただただ人を信頼する」「ただただ人に感謝する」「ただただ人を心から愛する」姿勢を貫こうとすることです。そうすれば、相手への表情や仕草が優しさあふれるものになります。あいさつをする相手との距離が縮まり、心が通じあいやすくなるのです。

注２：ギリシア語におけるアガペーの定義は、次の文献を参考にした。
遠藤周作編『キリスト教ハンドブック』三省堂、１９９３年
ハビエル・ガラルダ『アガペーの愛・エロスの愛──愛の実践を考える』（講談社現代新書）、講談社、１９９５年

［参照文献］

・フェリックス・Ｐ・バイステック、尾崎新訳『ケースワークの原則──援助関係を形成する技法［新訳改訂版］』誠信書房、２００６年

第6章

どうすれば よい人間関係が築ける 福祉職員になれるか

―愛に根ざした人になる―

1 よい人間関係をつくるために必須のもの

人とよい関係を築く福祉職員になるために、もっとも重要な要素を一つあげよといわれたら、私はためらわず、こう答えます。

「それは、愛です。すべてのよい関係は愛から始まります。そして、愛に終わりはありません。人は永遠に愛のなかに生き続けます。愛のうちに生き、愛を通して、愛によって生きていきます。人との関係もそうです。愛のうちに、愛を通して、愛によって育まれていくのです」

＊　＊

ここでいう愛とは何を指すのでしょうか。それは、無条件の愛です。与え続ける愛、見返りを求めない愛を指します。こうした主張を耳にすると、すぐに、次のような思いが心の中で頭をもたげてくるかもしれません。

「そんなこと言われても、私は聖人君子にはなれない」

「私、そんなのムリ。私にはできない」

これはごく当たり前の反応です。驚くに値しません。たじろぐ必要もありません。無条件の愛、与え続ける愛、見返りを求めない愛という表現を耳にすると、福祉の世界で働いていても、戸惑いを感じることがあるかもしれません。これらの愛が、フェリックス・P・バイステックが唱える個別援助の7原則の根底にあることがわかっていたとしても、あるいは、ノーマライゼーション、アドボカシー、エンパワメントなどの思想の根幹にあることがわかっていたとしても、漠然とした不安を抱いてしまうことがあるのです。あまりにも崇高な理想が、そして、あまりにも高い壁が目の前に置かれたかのような印象を受けてしまうからです。

さて、あなたはどうでしょうか。すべての人とよい関係をつくるための根幹に何も条件を付けない愛が必要と耳にしたとき、どのような思いが心に浮かんでくるでしょうか。とても自分にはできないとの思いを抱き、つい怯《ひる》んでしまう自分がいるでしょうか。もし、そのような状況にあるとしたら、声を大にしてあなたに伝えなければなりません。

実は、今、ここに示した愛を身につけたり、行動で示したりするのは、あなたが想像するほど難しいことではありません。

愛の実践に必要なのは、福祉の職場で働くあなたです。利用者とともにいるあなたがいれば、ここに示す愛は担うことができます。気負わずとも、確実に担うことはできます。その愛を担うのは、重労働ではありません。耐えがたい苦痛をもたらすものでもありません。そのなかに、福祉の道に身を投じた、すべての人が欲する大きな喜びがあるからです。

2 愛とは

さて、ここでいう無条件の愛、与え続ける愛、見返りを求めない愛とは、どのような愛の形を指すものなのでしょうか。

それは、第一義的には、人を心の底から大切にすることを指します。相手がどのような言動を示す人であろうとも、無条件に深い思いやりの心をもって接するよう努めます。相手の過去の生活がどのようなものであっても、慈愛、慈悲、慈しみの心をもって向きあいます。相手が今、理解困難な言動、目の前にいる自分が傷つくような言動を示しているとしても、リスペクトする気持ちで接するようにします。

ポジティブ心理学者、ジョナサン・ハイトはその著書『しあわせ仮説』のなかで、詩人のカリール・ジブランが記した「仕事は目に見える愛である」という言葉を紹介しています。[1] 福祉の仕事は、まさに愛を目に見える形で示したものといえます。

仕事に対するジブランの眼差しは、優しさと感動に満ちています。愛がない労働はただ空しく、人に何も残さないと喝破します。愛をもって仕事に勤しむときのみ、人は自分自身にも、他者にも深い絆でつなぎ止められるようになると宣言します。そのうえで、目に見える愛をもってなされる仕事の姿を、次のように表現しています。

「愛をもって働くとは何か。それは、心から縒《よ》り出した糸で布を織ること。あなたの愛するひとがそれを身にまとうかのように。また想いを込めて家を建てること。あなたの愛するひとがそこに住まうかのように。そして優しい心で種を蒔き、喜びに満ちて刈り取ること。あなたの愛するひとがその実りを食べるかのように。[2]」

福祉の仕事であれば、あなたにとってもっとも大切で愛する人が、今この瞬間、目の前におり、その人に対して、心を尽くして、思いを尽くして、支援に携わること、と表現できます。

3 心からの愛を行動で示す人に求められる姿勢

では、どうすれば、愛をベースに行動を起こせる人になれるでしょうか。そのためには、次に示す姿勢を身につけていくことが必要になります。

① 寛容：広い心で受け入れる

寛容とは、広く深い心で人を受け入れる姿勢を指します。今、あなたの目の前にいる、その人をありのままに受け入れていく姿勢を示すものです。

ですから、誰に対しても広い心をもって、受け入れていきます。そのうえで、もし目の前にいる人に変化の必要性があるようであれば、あるいは、改めなければならない点があるようであれば、相手が理解し納得できるよう、わかりやすく丁寧に伝えていくようにします。

(1) まず無条件に受け入れる

人との良好な関係を築くためには、無条件にありのままに受け入れるという姿勢が欠かせません。慈しみと愛の心をもって受け入れていくのです。そのうえで、相手にとって益（プラス）となるような働きかけをしていきます。希望と信頼と愛を実感しながら生きていけるよう誠心誠意サポートしていきます。

重要なのは、関係づくりは常に「条件なし」から始めるという点です。相手が自分の要求に応じてくれるから、受け入れるのではありません。相手がこちらが示した条件を満たしてくれたから、受け入れるというものでもありません。常に、はじめに「受け入れありき」なのです。この大原則を胸に刻んでいなければなりません。

この点を強く強調するのは、なぜでしょうか。人には、驕《おご》りの罠に陥りやすい特性があるからです。無意識のうちに人の上に立ってしまい、人に要求を突き付けるようになることがあるのです。「私の言うとおりにしたら、優しくしてあげる」「私の要求を受け入れなければ、もう知らない。好きにしなさい」という態度を示すことがあるのです。相手の人生の主導権はその人自身にあるのを忘れ、コントロール（支配）しようとする誘惑に駆られることがあるのです。そして、残念ながら、その誘惑に屈した福祉職員を私は数多く見てきました。だから、声高に叫ばなければならないのです。寛大な心をもち続けるようにと。

(2)「であっても・にもかかわらずアプローチ」で接する

それでは一体どうすれば、広い心がもち続けられるでしょうか。そうなるための方法として、「○○であっても・○○にもかかわらずアプローチ」を紹介します。

これは、交換条件を無意識のうちに課し、人をコントロールしようとしてしまうメンタリティを自分のなかから払拭するためのアプローチです。

交換条件的対応では、常に相手に条件を課していきます。「○○したら、○○してあげる」「○○しなければ、○○してあげない」などといった形で、ありとあらゆる条件を課して、相手をコントロールし、支

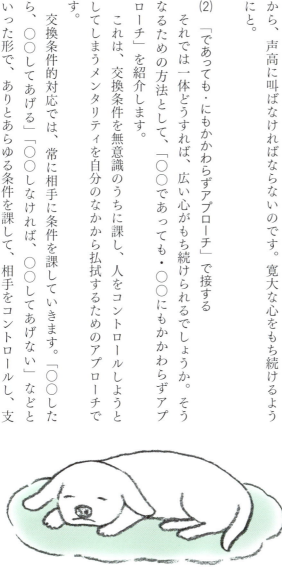

配下に置こうとします。従わなければ、「○○してあげない」という形で脅すという姿勢を示します。条件を満たさなければ、何らかの形で罰を与えるという姿勢を示す場合もあります。

「○○であっても・○○にもかかわらずアプローチ」は、条件を一切課しません。無条件だという点を強く意識し、正しい人との接し方ができるようにするためのアプローチだといえます。このアプローチは、人との関わりのなかで自分の心がマイナスの方向に揺らいだときに使います。人の言動に対して、不安、苛立ち、憤り、怒りなどの感情が芽生えそうになったとき、即座に用います。心が動揺するような言動を示したときに、次のように心の中で唱えるのです。


「○○であっても、愛をもって接する人になる」

「○○であっても、とびきりの優しさをもって接する人になる」

「○○であっても、愛を示す人になる」

「○○であっても、とびきりの優しさを示す人になる」


具体的にはこのようなイメージで唱えます。


「もの盗られ妄想のために『あんた、私の財布盗ったでしょ！』と責め立てられることがあっても、愛をもって接する」

「介護のときに叩かれそうになるときがあるけれど、とびきりの優しさをもって接する」

「大きな声で『おまえなんか嫌いだよ』と言われることがあっても、愛をもって接する」

「パニック行動を示すことがあっても、とびきりの優しさをもって接する」

このようなとらえ方をすると、その後のアクションが愛や優しさに基づくものになりやすくなります。ネガティブな感情を相手にぶつけるといった事態の発生を防ぐことができます。

このアプローチは、誰に対しても用います。相手が職員の場合も同じです。心が動揺するような言動を示す職員がいるときも、「○○にもかかわらず、愛をもって接する」「○○であっても、愛を示す」「○○であっても、とびきりの優しさを示す」と心の中で唱えて向きあうようにしましょう。そうすれば、心穏やかに相手に向きあえるようになります。無用な対決や対立の発生を防ぐことができます。

② 信頼：人にも自分にも信頼を寄せる

信頼は、愛の実現においては何よりも重要な要素といえます。人と人との関係を揺るぎなきものとするための基盤でもあります。信頼関係に必須となるのは、プラスでポジティブな眼差しです。ネガティブで後ろ向きに傾きやすい姿勢を自分のなかから手放し、どのような人に対しても、無条件で、先入観なしに見る姿勢を身につけることが求められます。

⑴　存在そのものをポジティブかつプラスの視点でとらえる

そのためには、一人ひとりをポジティブでプラスの視点でとらえる姿勢が必要となります。無条件にその人の存在自体を受け入れる姿勢を示すようにします。何らかの理由で、ネガティブな視点でとらえるようになった人がいる場合は、見方の転換を速やかに図っていかなければなりません。ネガティブな視点は、ネガティブな感情を生み出し、ネガティブな言動をその人に向けてしまう原因になるからです（図参照）。

(2) 虐待事案の根底にはネガティブ視点が潜む

全国各地で発生している福祉職員による利用者への虐待事案を調べてみると、その根底には相手に対するネガティブな視点が潜んでいることが少なくありません。職場内の組織的環境、利用者の特性、障害・疾患状況、健康状態なども権利侵害や虐待を生み出す要素ですが、もっとも根深く、重要な要素となるのは、職員個々の利用者に対する眼差しです。ネガティブなものであればあるほど、権利侵害や虐待が発生する公算が大きくなります。一人の職員か

図■ネガティブ視点がネガティブ言動の起点となる

ら始まったネガティブな視点であっても、油断すると、他の職員も影響を受け、同じような眼差しを共有するようになります。職場全体がネガティブな視点で利用者を見る環境に成り果ててしまう場合があるのです。

このような事態を防ぐには、「油断をすれば誰もがネガティブな視点で利用者を見るという罠に陥ることがある」という意識を一人ひとりの職員がもち続けることが必要です。同時に、一人ひとりの職員が自ら進んで、利用者をポジティブな眼差しで見る取り組みに着手しなければなりません。そして、その第一歩は他者から始まるのではありません。常に、今ここにいる自分から始めなければなりません。他者が行動を起こせば自分も行動を起こすと豪語し、本当に行動を起こすに至った人を私は誰一人知りません。そのような人は永遠に動かないで済む言い訳探しに奔走します。本当に行動を起こす人は、常に自ら進んでまず自分から動く意識をもち続けているのです。

ポジティブな視点は共に働く職員にも向けられなければなりません。それができなければ、職員間の人間関係が信頼に基づくものとはなり得ないからです。職員にポジティブな眼差しを向ける場合も、基本は同じです。無条件でポジティブな眼差しを向けるのです。職員が示す行動、姿勢、振る舞いなどを、ポジティブな視点でとらえていきます。「仕事が遅い」ととらえている人がいれば、「じっくりと仕事に取り組む」という見方に転換します。「消極的な姿勢」ととらえている人がいれば、「じっくり考えてから行動を起こす」という見方でとらえるようにするのです。

(3)　欠点修正のアドバイスの前に必要なこと

このように主張すると、「では、欠点は放置するのか」という声があがってくるかもしれません。答えは「ノー」です。でも、欠点の修正の前にやることがあります。その人との信頼関係の構築です。その人が安心感を抱くことができる関係づくりを目指すのです。

自分が受け入れられ、安心感が抱けるようになれば、欠点と思われていたものが消失することがあります。なぜでしょうか。欠点は不安感からもたらされることが多いからです。「自分は他の職員から信頼されていないんじゃないか」「十分な業務ができていないとみられているんじゃないか」。そんな思いが、能力発揮を妨げることがあるのです。

不安感でいっぱいいっぱいになっているとき、安心感が得られる体験をすれば、人はどうなるでしょうか。自分を心の底からポジティブな視点で見てくれる人がいることに気づいたらどうなるでしょうか。安心感に包まれます。自分が今、どのような働き方をしているか、冷静に振り返ることができます。欠点に目を向け、修正に向けた行動が起こせるようになるのです。安心感が欠点の消失につながっていくのです。それは奇跡でも何でもありません。起こるべくして起こることなのです。

ポジティブな視点を送り続けたけれども、修正できない欠点がある場合は、ありのままの事実を伝えれば良いのです。もちろん、相手の立場に立って、相手が理解できるように丁寧に伝えます。おそらく、相手は素直に耳を傾けてくれるでしょう。ポジティブな眼差しが示されることによって信頼感が芽生えているからです。信頼に結ばれた関係のなかでは、苦言は〝苦い指摘〟になりません。自分を支えてくれて、成長へと導いてくれる、心優しい招待状となるのです。

(4) 自分への信頼も必須要素

信頼は自分自身に対しても必要です。自分の力を信じる。自分の可能性を信じるといった姿勢は、よき職業人として成長を遂げるための必須要素となります。ですから、自分自身との間にも信頼関係をしっかりと築き上げるよう努力していかなければなりません。そのためには、他者のときと同様に、自分自身にもポジティブな眼差しを向けることが必要になります。

ただし、この取り組みには困難を伴うことが数多くあります。人は長い人生のなかで独自の自己イメージを築き上げています。それがネガティブなものである場合、簡単に変えることはできません。自分自身に対してネガティブな眼差しで見ることに慣れ親しみ、それが生活習慣として定着しているためです。自分自身をポジティブで愛に満ちた眼差しで見る習慣が身についていない場合は、一度や二度程度のチャレンジではうまくいきません。一時的に転換が図れたかのように見えても、すぐに元の状態に戻ってしまうのです。

自分に対するプラスの眼差しを取り戻し、ライフスタイルとして定着させるためには、自分の心の深いところに潜む「マイナス視点増殖要因」を取り除く作業が必要になります。とりわけ深刻な影響を及ぼす要因は次の三点に整理できます。

(1) 自己批判

⑵　自己否定

⑶　自己叱責

これらの三要因が、ことあるごとに悪さをするのです。あなたの心を傷つけ、自信を奪い取ってしまいます。心の平安と安寧を奪い取ってしまうのです。

⑸　「ジャーナリングの技法」で自己批判、自己否定、自己叱責を心から取り除く

自己批判、自己否定、自己叱責の三要因には、悪いところ探しが得意という特徴があります。活動停止に至らせるには、先回りが必要になります。方法として有効なのは、「ジャーナリング（書き出し）の技法」です。この技法では、あるテーマに関して、思いつくままに考えを書き出し、思いを「見える化」します。出てきた考えを分類、整理し、雑然としていた考えや見えなかった思いを明確化する技法として使われるものです。具体的には次のような流れで取り組んでいきます。

まずは思いを書き出す作業からスタートします。何となく心の中に抱いている、自分の欠点と思われる部分をノートに書き出し、「見える化」する作業にとりかかります。書き出した考えを整理、分類します。似たような考えを一つにまとめたり、関連性や因果関係のある考えを線や矢印などで結んだりします。大まかなイメージ図が出来上がれば結構です。

こうした作業に取り組み、頭の中のイメージを「見える化」すると、雑然として見えなかった

問題や課題が把握できるようになります。欠点の部分がクリアーにとらえられるのです。

欠点が把握できない状態で心の奥底に隠れていると、自己批判・自己否定・自己叱責の三要因が機会を見つけては欠点を攻撃し、あなたの心を動揺させたり、疲弊させたりします。心がコントロールできない状況に追い込まれやすくなります。しかし、欠点が自分で明確化できれば、主導権は自分が握れるようになります。もう二度と三要因に振り回されずに済むのです。

欠点把握の作業が終われば、自分に対して、こう高らかに宣言します。

* *

「私にはこれらの至らない点がある。でも、私はこれらの欠点から逃げはしない。欠点や至らない部分も私の一部だ。私はこれらの欠点を責めない。私には誇るべき部分が他にたくさんあるからだ。その誇るべき部分をこれからも着実に育てていく。まずは一つ、欠点の修正に取り組んでいく」

* *

こういう形で宣言をすれば、自己批判・自己否定・自己叱責の

感情から自分を解き放てます。欠点に向きあい、修正する姿勢が身につけられるようになります。

修正に向けて行動を起こすと宣言した欠点については、状況の精査と原因特定の作業にとりかかります。具体的にどのような状況にあり、その状況が生じた原因は何か、明確にしたうえで、解決に向けた計画を立案していきます。立案後には速やかに行動を起こします。

欠点の修正に取り組み、着実に成長していく自分が確認できれば、プロフェッショナルな職業人としての自信が深まり、自分自身への揺るぎない信頼が得られるようになります。

③ 親切：思いやりの心をもって接する

親切とは、相手に対する深い思いやりの気持ちをもって、優しさを届ける一連の行動を指します。愛が行動となって、目に見える形で現れるものと言い表すこともできます。親切を振る舞い、言葉、行動で示す際のポイントは、相手の立場に立つことです。相手の目線から、何が喜びにつながるか、思いをめぐらすようにします。そして、喜びをもたらすものを相手の心に着実に送り届けていくのです。これが愛を行動として、相手の心に届ける際の鉄則となります。

相手の喜びを把握する作業を、多くの人は頭の中だけで行おうとしますが、その方法ではうまくいきません。それでは、思いがあれこれと順不同に浮かんできて整理が難しいからです。

(1) 相手の喜びを「見える化」する

相手の喜びにつながる振る舞い、言葉、行動の把握を目指すのであれば、ノートに書き出し、「見える化」をしましょう。そうすれば、的外れの行動に終始する事態も防止できます。

書き出す際には、次の点に留意します。

・本人が好きなこと
・本人が嬉しいと感じること
・本人の表情が明るくなること（本人の心が晴れ晴れすること）
・本人が安らぎを感じること
・本人がリラックスできること
・本人が元気になること
・本人が大切だと思っていること
・本人が重要だと思っていること
・「この問題が解決できると嬉しいな」と思っていること
・「この業務がもっとうまくできるようになったら嬉しいな」と思っていること

これらの点を想定しながら書き出すと、すらすらとアイデアが浮かびやすくなります。後で整理する作業も簡単になります。喜びにつながる事柄が明らかになったら、その情報をもとに、行動を起こしていきます。本人が喜びに感じることを行動に起こし、相手の心に届けていくのです。

例えば、このようなイメージで喜びにつながるような行動を示していきます。

・休憩時間に、相手が喜んで話したくなる話題を取り上げ、気持ちよく話せる環境を作る。

・気落ちしているように見えるとき、本人が気持ちのリフレッシュにつながると日頃から言っている活動に誘う。

・本人が苦手でうまくできない業務について、一緒に行う機会を作り、うまくやりこなすための方法をさりげなく自然な形で教える。

・苦手意識があり、うまく人間関係を築けない利用者について、ちょっとした会話の機会に、「○○さん、○○県○○市出身の人で、ネットで○○市の観光名所を調べて、その話をすると大盛り上がりするんですよ」と、さりげなく、よい関係をつくるためのポイントを教える。

(2)　うまくいかないときはその事実を冷静に受け止める

親切を優しさや愛にあふれる行動として相手に届ける際には、こちらからの行動をどう判断するかの権限は相手にあるという点を忘れないようにしましょう。どんなに準備万端を心がけても、その通りに相手に受け取ってもらえる保証はありません。権限が相手にある以上、自分の行為に満足してもらえずに終わる事態も十分に想定しておく必要があります。不評を買った場合でも、決して相手を責めたり、批判したりしないようにします。親切と愛を届ける人を目指すのであれば、今回はうまくいかなかったという事実を冷静に受け止めなければなりません。そして、準備を整えて、再チャレンジすればよいのです。

(3) 自分自身にも親切な人になる

以上、これまで、他者に親切を届ける方法を述べてきましたが、自分自身にも、親切な振る舞い、言葉、行動を届けるよう努めなければなりません。福祉の仕事は人相手の業務です。人と人とが接する仕事であるので、いつもうまくいくとは限りません。

ルールに基づき細心の注意を払いながら対応していたのに、何かの拍子に、利用者からきつい言動を浴びせられることがあります。すると、すぐに自責感情が頭をもたげ、心の中で「私が何か間違ったことをしたから怒らせてしまったのだ」と自分を責め立て、心が疲弊してしまうことがあるのです。これは、どこの職場でもよくある日常の出来事といえます。

(4) セルフ・コンパッションのアプローチ

こうした事態が生じやすい職場で働いているのですから、自分の心の安らぎにつながるようなアプローチの習得が絶対に欠かせません。その有力な手段の一つが、自分の心と身体に親切と思いやりを届けるセルフ・コンパッション（self-compassion）の取り組みです。

具体的な方法としては、まず、自分の心と身体がリラックスしたり、安心感に包まれたりする活動などをリストアップします。散歩、スポーツ、ヨガ、レクリエーション活動、文化活動、社会貢献活動など、社会通念上許される範囲のものであれば何でもＯＫです。

自分自身の生活を見渡し、心と身体を良い状態にするうえで、重要だと思えるものを書き出して、リストアップするという方法も有効です。そのなかの重要なものは紙に書き出し、目に付くところに貼り出します。常に心がけられるようにすると、さらに効果的です。

福祉職員を対象とした研修会では、例えば、次のようなものが、自分にとって心と身体を良い状態にするうえで重要なものとしてあがってきます。

- **睡眠を十分にとる**
- **働き過ぎないようにする**
- **仕事が人生のすべてと考えない**
- **家庭内に何か悩みがある場合は、まずその悩みの解決に優先的に取り組む**
- **気楽に何でも話せる人と定期的に会う機会を作る**
- **辛いことを、内に溜め込まない**（信頼できる人に相談する）
- **食事が美味しく楽しく食べられる工夫をする**
- **気持ちが楽になる言葉を心の中でつぶやく**
- **心に疲れを感じさせる人とプライベートな時間に一緒に過ごさない**
- **リラックスできる空間をどこかに作る**（家の中のどこかをリラックスできる空間とする）

④ 謙虚：驕らず高ぶらず誰に対しても謙虚な心で接する

愛に基づく行動を実践する人には、自分の力に謙虚、自分の考えやものの見方に謙虚、知識と技術と経験に対して謙虚な姿勢を示す、という特性があります。自分の力に対して謙虚なので、常に学ぶ姿勢をもち続けます。知識と技術のブラッシュアップに余念がありません。人に対する姿勢も謙虚さに満ち、すべての人から学ぼうとする姿勢を示します。利用者に対する姿勢も謙虚そのものです。どんなに長期間接している人であっても、日々が新しい出会いであり、新しい学びの機会である。そんなフレッシュな気持ちで接するよう努めています。

共に働く職員に対しても謙虚に学ぶ姿勢をみせます。上司から学ぶ。先輩に学ぶ。同僚に学ぶはいうまでもなく、後輩に学ぶ、部下に学ぶ姿勢を愚直に貫いていきます。さらには、新任職員に学ぶ、実習に来る学生に学ぶという姿勢も示します。他職種職員、雇用形態の異なる職員も大切な学びの対象とします。すべての人を自分を育ててくれる大切な存在としてとらえるようにするのです。

謙虚さを自己チェックする

謙虚さをもち続ける職員になるためには、自分の姿勢を定期的に自己点検する取り組みが欠かせません。次のチェックリストを使って、自分がどのような状況にあるか向きあってみましょう。当てはまるものにはチェック欄に○を入れて、当てはまらないものには×を入れましょう。

CHECK

【謙虚度チェックリスト】

□ (1) 日々の業務から、いつも新しい何かを発見している。
□ (2) わからないことがあるとき、たとえ相手が後輩であっても、気軽に遠慮なく質問できる。
□ (3) 知らないことは「知らない」と素直に言える。
□ (4) わからないことがあると、自分で調べて理解しようとする習慣がある。
□ (5) 自分の知識を他者にこれみよがしに自慢しない。
□ (6) 自分の専門領域に関する月刊誌については少なくとも一誌は定期的に目を通すようにしている。
□ (7) 常に利用者に学ぶ、他の職員に学ぶという姿勢で業務に携わっている（自分は利用者のことを何でもわかっている、業務のことは何でもわかっているという姿勢は示さない）。
□ (8) 他者の知識が不足していることを、批判したり、責めたりする姿勢は示さない。
□ (9) 自分の見方や考え方を他者に押しつけない（広く他者の意見に耳を傾けられる）。
□ (10) 一度、発した意見や考え、あるいは正しいと思って行ったことであっても、間違っていたと気づいたときには、素直に謝ることができる。

⑤ ゆるし：怒り、憤り、苛立ちを解き放つ

愛は、復讐心の対極にあるものですから、やられたらやり返す行為には及びません。復讐心は心の中に留まらず、行動として外へ飛び出していきます。「ひどいことをされた」と思う相手への攻撃的言動に及んでしまうのです。攻撃にさらされれば、相手は即座に反応します。心に怒りや憤りといったネガティブな感情が生じて、報復行為へとその人を突き動かし、対立が深まっていくのです。報復が報復の連鎖を生む負の連鎖が出来上がってしまうのです。

愛のもっとも重要な機能は、負の連鎖からの解放です。その重要なツールとなるのが、ゆるしです。なぜ、ゆるしなのでしょうか。愛は人の行為を裁かないからです。罰則を加えるものでもないからです。愛は本質的に寛容です。親切で謙虚です。すべてを信頼し、受け入れていきます。優しさで包み込みます。それを行動として指し示すのが、ゆるしなのです。

(1) ゆるしの二つの機能

ゆるしには二つの重要な機能があります。一つは、愛に基づく行動を推し進める機能。もう一つは、愛から離れた心を愛へと引き戻す機能です。

前者は、正しい行動を〝許可〟する機能です。人は生活や組織への所属を通して、さまざまな生活習慣、ルール、常識などを身につけていきます。望ましいものの見方、考え方、人間観、業務観、行動様式などを身につけていきます。しかしながら、所属する社会や組織が「よし」とし

ているものが、必ずしも、愛を推進するものとは限りません。なかには、愛から離れさせる、ものの見方、考え方、人間観、業務観、行動様式なども現実には存在します。残念なことに、自分が身につけてしまっているときがあります。その事実に気づいたときに、身につけてしまった不適切な考え方、人間観、業務観、行動様式を手放すことを自分に〝許可〟するのです。愛の促進につながる行動への転換を〝許可〟するのです。

後者の愛から離れた心を引き戻す機能は、行った行為に関するゆるしです。誤った考え方、人間観、業務観、行動様式に基づき、不適切な行動をしてしまった自分に対するゆるしを意味します。もし、他者が誤った行動を示した場合は、その行動に対するゆるしも行います。自分自身の誤った行動、そして、他者の行動に対するマイナス感情から解き放つのが、第二の機能のゆるしなのです。

自分を正しい行動へと導くのは簡単なようで簡単ではありません。他者の目や集団圧力に屈してしまい、あるべき行動が起こせないケースが少なからずあります。行動を起こすには、強い決意と行動が求められます。すべて一気にではなく、一つひとつ順番に、不適切な思考、行動パターンを手放していきます。

より困難なのは、他者の過去の行動に対するゆるし、すなわち、〝赦し〟です。自分が被害者となり心と身体が傷ついた場合、あるいは、自分の大切な人が心と身体に深い傷を負った場合、ゆるしは困難を極めます。受傷後、かなりの時間が経っていたとしても、怒り、憤り、復讐心が頭をもたげ、強い抵抗感を抱いてしまうからです。「なぜ、被害に遭った私がゆるさなければならないのか」「ひどい目に遭ったのに、ゆるせるわけがない」といった思いで心がいっぱいになります。

どうすれば、過去に自分に対して不適切な言動を示した人をゆるせるようになるでしょうか。そのためには、他者に向けたゆるしに対する誤解や先入観を払拭しなければなりません。まさにこの誤解や先入観が、ゆるしに対して人が自分の心を閉ざしてしまう最大の要因となるからです。

(2) ゆるしに対する典型的誤解

もっとも典型的な誤解や先入観はR・ケンダル牧師の知見を借りれば、表のように整理できます(250頁参照)。

これらの誤解を見ればわかるように、ゆるしは他者が行ったことをなかったことにする試みではありません。やむを得なかったと認めることでもありませんし、正当化することでもありません。傷つかなかったふりをすることでもありません。事実を否定することがゆるしではありません。それは、紛れもない事実としてあったのです。それは否定しないでありのままに受け止めます。

ゆるしに対する典型的誤解

誤解①	**ゆるしとは人の過去の誤った行動を承認することである** 誤った行動を適切な行動と認めることではないし、やむを得なかったと見なすことではない。
誤解②	**ゆるしとは人の誤った行動を見逃すことである** 誤った行動を見て見ぬふりするのではない。
誤解③	**ゆるしとは人の誤った行動を正当化することである** 間違った不適切な行動を正当化できるものとして、容認するものではない。
誤解④	**ゆるしとは人の誤った行動があったことを否定することである** 発生した事実が実際には発生していないと否定するのではない。
誤解⑤	**ゆるしとは人の誤った行動を忘れることである** 記憶から消し去るのではない。記憶から消し去ることを要求するものでもない。
誤解⑥	**ゆるしとは人の誤った行動によって傷ついたことを隠すことである** 傷を受けなかったように装うことではない。傷つき経験をなかったことにするものでもない。
誤解⑦	**ゆるしとは誤った行動を、赦免《しゃめん》することである** 赦免とはある行為に対して受けるべき処分を法的に免ずることであり、個人がなすものではない。
誤解⑧	**ゆるしとは、人と人の和解を伴うことである** ゆるしは、和解を伴うとは限らない。ゆるしは友情回復ではない。ゆるしによって親友関係を築くことを目指すのでもない。

(3)　ゆるしは過去の出来事とその感情からの解き放ちを目指す

ゆるしが目指すのは、過去の出来事（事実）によって生じる感情から、自分自身を解き放つことです。ゆるしがなければ、人は無意識のうちに、辛い記憶に立ち戻ってしまいます。そして、それと同時に痛みを感じるのです。痛みを感じるのは過去ではありません。今この瞬間に、辛さ、苦しみ、痛みなどが生じ、それが、怒りや憤りといった感情も引き起こしてしまうのです。

この状況を放置するとどうなるでしょうか。過去の出来事に、今この瞬間の感情が支配されるようになります。大切な自分の人生の今この瞬間が、過去の記憶から引き起こされた感情に乗っ取られるのです。

マイナスの感情に支配されれば、行動も支配されます。人は自分が心の中に抱く感情で行動を起こします。どのような感情を抱くかが、どのような表情を示すか、どのような振る舞いを示すか、どのような言葉を発するか、を決定づける要因となります。心が怒りや憤り、復讐心など穏やかではない感情で支配されると、その感情を反映した表情、振る舞い、言葉を示すようになります。ネガティブな感情で支配され、思いやりと優しさに満ちた行動が示せなくなれば、他者との人間関係にひずみや亀裂が生じやすくなってしまいます。

(4)　ゆるしは自分に愛を注ぐ行動

他者が過去に示した不適切な行為に対するゆるしは、自分の心をよい状態に整え、人とよい関係が築き続けられる自分になるための取り組みです。ですから、他者へのゆるしを考えるとき、

「なぜ被害を受けた私が頑張らなければならないのか」と怒り心頭に発する必要はありません。他者が過去に示した行為に対するゆるしは、厳密に言えば、過去の他者に向けられたものではありません。この世でもっとも大切で、かけがえのない存在である、自分自身に向けられるものであるのです。言い換えると、すべての愛を自分に注ぐ行動と表現できます。

他者の過去の行動に対する怒りや憤りの感情を手放さずにもち続けると、相手に闘いを挑み、完全なる反省と謝罪を引き出し、「相手を完全に変えたい」との思いを強く抱くようになります。読者であるあなたにも、そのような思いを抱く人がいるかもしれません。あるいは、あなたの同僚がそのような意思表示をするのを聞いたことがあるかもしれません。

気持ちはよくわかります。嫌な思いをさせた人が身近な人だと、その姿を見るたびに不快な記憶が蘇ってきます。相手に完全なる謝罪と行動変容を求めたくなる気持ちが湧き上がるのはごく自然なことです。それをすべて放棄せよというつもりはありません。法律や制度、社内の仕組みに基づき、適切かつ的確な方法で、謝罪と反省、そして行動変容を要求するのは当然のことです。しかしながら、単独プレーで、相手と向きあうのはリスクが大きいと言わざるを得ません。事態はよき方向に向かわず、対立関係の激化や亀裂の深まりが懸念されます。収拾がつかなくなる可能性が高いうえに、何らかの形で〝逆襲〟を受けることさえ考えられます。

(5) 相手を変えようとすれば逆に相手に支配される

もちろん、闘いを挑めば、相手が反省し、行動に改善がみられるかもしれません。リスクが高いチャレンジですが、うまくいったかのように見えることがあるかもしれません。しかし、ここには大きな落とし穴があります。人は誰かと対人関係上のトラブルに直面すると、変わるべきは相手だという思いを強く抱きます。この思いはエスカレートしやすく、相手に変化を求める強い思いで心がいっぱいになります。この思いを強く抱くようになるとどうなるでしょうか。臨床心理学者ヘンリー・クラウドとジョン・タウンゼントの言葉を借りれば、「あなた自身とあなたの心をその人に支配させること」になってしまうのです[3]。相手の顔を見るたびに、完全なる謝罪と反省と行動変容を求める強い思いで心が席巻されるのです。この思いはエンドレスに相手に変化を求め続ける特徴があるため、どんなに相手が反省の姿勢を示しても納得しない態度を示すようになります。行動を変容させたとしても、「これではまだまだゆるせない」という思いを抱き続けるようになるのです。怒りと憤りと復讐心は心の中から立ち去ることなく、強く燃えたぎるばかりの状態になるのです。

この状況から人を解き放つ手立てが、ゆるしです。ゆるしによって、自分自身を痛みから解き放つのです。怒りと憤り、憎悪と復讐心の呪縛から解き放っていくのです。

(6)　ゆるしの具体的手順と方法

そのためには、ゆるしの対象を確認しなければなりません。対象となるものは過去の出来事です。その出来事から自分を解き放っていきます。

続いて、ゆるしの対象となる相手を確認しましょう。それは、自分を傷つけた相手ではなく、自分自身です。これは、過去の記憶を今この瞬間に思い出し、傷つき続け、苦しみ続ける自分をその状態から離れることを〝ゆるす〟のです。過去の出来事の支配下に置かれ、今苦しみの状況を強いられている自分の解放を目指すものなのです。

こう記すと、「相手もゆるす必要があるのではないか」と思う人がいるかもしれません。しかし、相手をゆるそうとすると怒りの感情が湧き上がる状態にある場合、または、不当な行為への記憶は消えるどころか鮮明になり痛みが自分を襲うという場合は、自分のゆるしを優先してください。相手もゆるそうと欲張り、心が反応してしまえば、自分が二重三重の傷つき経験を続けることになりかねません。被害者の立場にある人は痛みから解き放たれ、安楽、安全、平穏に生きる権利があるのです。その権利の享受のために、過去の呪縛から解き放つことが必要なのです。これこそ、自分に対する愛の行為となるのです。

⑥ 誠実：真心をもって福祉倫理を実践する

誠実は社会福祉の専門職には必須の姿勢です。社会福祉士及び介護福祉士法第44条の2には、次のような文言で、誠実が義務として明記されています。

「社会福祉士及び介護福祉士は、その担当する者が個人の尊厳を保持し、自立した日常生活を営むことができるよう、常にその者の立場に立って、誠実にその業務を行わなければならない」

何と心強い条文でしょうか。これは、すべての社会福祉専門職に対する応援のメッセージともいえます。すべての社会福祉専門職は、利用者の尊厳保持に向けて、一切の妥協なく行動できるのです。常に利用者の立場に立った業務を誠実に行うことが期待されているのです。利用者本位の視点に立った質の高いサービスの提供に向けて、その力を発揮できるのです。

(1) 誠実を尽くす対象を正しく理解する

社会福祉専門職が誠実を求められるのは、利用者一人ひとりに対してです。さらには、専門職として携わるすべての業務、倫理基準・行動規範に対しても、誠実であることが求められます。妥協や言い訳は一切許されません。果たすべき責務として、法律で謳われているからです。

ただし、ここで厳しい現実も指摘しなければなりません。残念ながら、社会福祉専門職として働いている人であっても、誤った考え、ものの見方、価値観、人間観にとらわれている人がいます。誤った態度や姿勢で利用者に向きあい、尊厳を奪い去る剥奪者になっている人がいます。社会福祉士及び介護福祉士法第44条の2は、まさにこうした状況に陥らぬよう、私たちに正しき方向を指し示しているのです。

(2) 誠実を尽くす対象を間違ってはならない

社会福祉の世界で愛を実践する人になるためには、自分が今、何に対して誠実か、徹底的に振り返り点検することが求められます。福祉職員として働く人であっても、知らず知らずのうちに、誠実を尽くす対象を間違えてしまうことがあるからです。

私たちが、誠実を尽くしたり、従順になったりしてはいけないのは、利用者本位とは対極にあるすべての考え、ものの見方、価値観です。利用者の尊厳を損ない、権利侵害につながるすべての考え方、そしてそれに伴うすべての誤った実践です。

この誤ったものの見方やとらえ方を、パーソン・センタード・ケアの提唱者として知られるトム・キットウッドは、悪性の社会心理（Malignant Social Psychology）というショッキングな用語で紹介しています。これは認知症ケアの世界で働く社会福祉専門職が、決して陥ってはならない誤った思考行動パターンとして示されたものです。悪性の社会心理は、認知症高齢者の尊厳を根こそぎ奪い取ります。尊厳が完全に剥奪された状況に置かれ、不安、恐れ、混乱、落胆などの感情をもたらしてしまいます。

(3) 油断すれば、悪性の社会心理はどの福祉領域でもはびこる

注目してほしいのは、悪性の社会心理は、どこの社会福祉領域でも発生する危険性が極めて高いという事実です。実際に、社会福祉実践現場を訪ねると、この心理状態に陥っている職員を見かけることは珍しくはありません。子ども福祉の領域でも、公的扶助の領域でも、障害者福祉や

地域福祉の場でも、この心理特性に染まった状態で働く職員を頻繁に見かけます。

社会福祉専門職が真の意味で福祉倫理に誠実が尽くせるようになるには、利用者の尊厳を奪う誤った姿勢や働き方、姿勢などを取り除いていかねばなりません。そのためには、自分自身が、表に示す悪性の社会心理の罠に陥っていないか、厳しい視点で振り返ることが求められるのです（２５８～２５９頁参照）。

チェックの結果、自分に当てはまる項目がある場合は、速やかに修正を図らなければなりません。当てはまる状況を放置すれば、権利侵害を行う者あるいは虐待を行う者との指摘を受けかねないからです。利用者と業務と福祉倫理に誠実な職員となるためには、悪性の社会心理からの完全離脱を果たさなければなりません。

(4)　共に働く職員にも誠実を尽くす

誠実な姿勢は、共に働く職員にも示されなければなりません。職員一人ひとりが安心と喜びが実感できるような接し方を心がけていく必要があります。ちょっとした仕草や言動が不安や誤解を生じさせるケースがあるので、自らの姿勢に誤解を生むものはないか、適宜振り返ることを忘れないようにします。万が一、危うい仕草や言動がある場合、速やかに修正していきます。

共に働く職員に対する誠実さは、厳しさのなかで示さなければならないケースもあります。典型的な例は、ある特定の職員あるいは職員集団が、福祉倫理とはかけ離れた誤った業務姿勢を示

CHECK

【悪性の社会心理】

1 だます（Treachery）

思い通りに動かそうと思い、だますこと。事実ではないことを伝える。「〇〇したら〇〇してあげる」などと職員としての優位性を利用し、交換条件的な対応をする。「〇〇しないと〇〇してあげない」「〇〇しなかったら〇〇してあげない」などと罰則付与を臭わせるような対応を示す。相手の弱みにつけ込む対応をする。

2 できることをする機会を奪い、力を失わせる（Disempowerment）

本人が有する力を発揮させない。職員が自分のペースで仕事を行うことを優先する。着替える力がある人に、自分の力を発揮する機会を与えない。サポートすればトイレでの排泄が可能なのに、その機会を剥奪する。

3 上から目線の子ども扱い（Infantilization）

大人の利用者を子ども扱いする。支配関係を無意識のうちに作り上げ隷属させようとする。自分の思い通りの動きをしているときは優しい対応をするが、意図とは異なる動きをすると、小さな子を叱りつけるような対応を示す。「〇〇君」「〇〇ちゃん」といった子ども、あるいは、目下の者に使うような呼称を用いる。男性職員が利用者と接するとき、自分のことを「オレ」と称するのも極めて危うい言動の一つといえる。無意識のうちに、相手を自分の〝同等以下〟とみなしている可能性があるからだ。

4 脅かす（Intimidation）

言葉による威圧。姿勢や態度による威圧的行為。「早くしてよ」「何やってんだよ」「どうしてそんなことするんだ」「今度やったら承知しないぞ」などと威圧的、叱責的言動で相手を脅す。言葉には出さないが、きつい表情、顔をしかめるような動作などで脅しをかける。

5 マイナスのレッテルを貼る（Labelling）

マイナスの視点で見る。「いつも困らせるようなことばかりする」といった一方的な見方をする。マイナスの見方を他の職員と共有する。

6 スティグマ（Stigmatization）（汚名）を着せる

人格を無視したような見方をし、見下したようなレッテルを貼る。尊厳を損なうようなあだ名をつける。

7 急かす（Outpacing）

本人のペースを軽んじる。ムリに職員のペースにあわせさせる。思うような動きを示さない利用者に対しては、「早くして」とか、「何やってるの」ときつい言葉をかける。無言で不快感を露わにして乱暴なはたらきかけをすることもある。

8 本人の気持ちを受け止めない（Invalidation）

本人が今、経験していることを頭ごなしに否定する。何か見えないものが見えるという人に対して、「そんなもの、見えるわけないでしょ！」といった受け応えをする。

9　**仲間はずれ**（Banishment）
物理的、あるいは心理的に、本人を排除する。職員の一方的な判断で、無理矢理、本人がいたいと思う場所から動かしてしまう。

10　**もの扱い**（Objectification）
声をかけずに介助する。一方的に介助する。流れ作業的な対応をする。もの扱いするような表現で、本人の状況を話す。誰かに待っていただこうとするときに、他の職員に「その人、そこに置いといて」といった表現を使う。

11　**無視する**（Ignoring）
本人の近くをあいさつもせず、アイコンタクトもせず、適切な関わりをもとうともせずに通り過ぎていく。本人の存在があたかもそこにいないように振る舞う。本人が何らかの意思表示をしているのに、気づかないふりをする。

12　**無理強い**（Imposition）
本人が望まないこと、嫌だと思うことを無理にさせる。本人への適切な働きかけをせず無理に歯磨きをする、本人が好まない活動を強いる、本人にとって耐えがたい不快な環境にいさせる。

13　**ほったらかし**（Withholding）
願いを聞こうとしない、本人が何らかの支援を必要としているのがわかっているのに、対応しようとしない。本人をどこかに座らせっきりにして、放置状態にしている。

14　**非難する**（Accusation）
本人の行動を非難することに終始する。職員である自分の気に障ることや意に沿わないことを相手がすると、「どうしてそんなことするんだ！」『なぜそんなことするのか！」と叱責するような言動を浴びせかける。

15　**中断する**（Disruption）
本人が行っていることを一方的に中断させる。本人が楽しんでいる活動を「もう、お風呂の時間だから」「次のプログラムがあるからおしまい！」と言って、同意を得ようとせず、無理に連れていく。

16　**からかい**（Mockery）
本人が示す独自の行動や話し方などを物笑いの種にする。からかうような言葉かけをする。場の雰囲気を和らげるということを言い訳にして、本人の尊厳を傷つけるような言動を示す。本人の性的指向、出身地、家族状況、生育環境、過去の仕事、現在関心をもって喜んで行っていること、ライフスタイルなどをからかう発言をする。

17　**侮蔑**（Disparagement）
能力がない、役に立たない、価値がない、といった見方をしたり、態度を示したりする。本人を軽んじたり、プライドを傷つけたりする話し方や接し方をする。

すケースです。こうしたケースで、見て見ぬふりをしたり、だんまりを決め込んだりするのは適切ではありません。利用者に対して誠実義務を果たしていないですし、誤った行為に手を染める職員に対して誠実に向きあう責任も果たしていないからです。

職場の限られた人間関係のなかで、耳が痛い声をあげるのは勇気がいります。できれば、自分以外の誰かに委ねたくなります。気持ちはよくわかります。でも、そのような腰が引けた姿勢を示してしまうと、誰を守ることになるのでしょうか。利用者の視点からすれば、職員が誰も責任を果たしてくれないと利用者を落胆させる状況を生じさせているのではないでしょうか。

もちろん、どのような事態が発生しているかによっては、明確に管理監督者の職員が中心となって動かなければならない案件もあります。しかしながら、一番近くにいる職員が、まだ小さな不適切な行為の芽の段階で、早期介入、早期解決が図れる場合もあります。その機会を逃してしまうと、利用者が長期にわたって、不適切な業務の犠牲者になってしまう事態も起こりうるからです。

⑦ 自己放棄：自己中心性から自己を解き放つ

愛には人に自己放棄を求めるという注目すべき特性があります。といっても、ここで愛が要求するのは自己をすべて捨て去ってしま

うという意味ではありません。自己のなかに潜む自己中心性を放棄するのです。自己中心性は極めてやっかいな存在で、人を誤った行動や思考に陥らせ、愛する心を奪い取ります。その典型的思考・行動特性は次のように整理できます。

- **責任を果たさない**
- **責任逃れする**
- **変わるべきときに変わろうとせず現状維持に走る**
- **人の成功を妬む**
- **自己の都合ばかり優先する**
- **自分が楽することばかり考える**
- **自分がやるべきことを他者に押しつける**
- **うまくいかないと、とにかく人のせいにする**
- **人から自分が認められることばかり望む**
- **何か人に善意を示したら、見返りがなければイライラする**

⑴　自己中心性は際限なき欲求によってもたらされる

自己中心性は、心の奥深いところにある欲求によって、引き起こされたり、強化されたりします。人を自己中心性の罠に陥らせ、誤った行動へと陥らせる主な欲求は次の通りです。

・地位欲
・名誉欲
・金銭欲
・物欲
・情欲
・承認欲求
・快楽欲求
・完璧欲求

これらの欲求はエスカレートしやすい特徴があります。依存症的〝症状〟を示すことが頻繁にあります。客観的に見れば、十分に欲しいものは得られているのに、本人はまだ何も得ていない、不十分な状況に置かれていると思い込み、さらに自分を満たそうとあくせくするのです。ところが、どんなに自分が欲する何かが得られても、決して満足しません。不満感を抱き続け、それを他者にぶつけてしまいます。他者が自分の邪魔をしていると思い込んでしまうのです。

その典型的な例として、地位欲を見てみましょう。常にリスペクトを受けられる自分であり続けたいという欲求でもあります。名誉欲や承認欲求と連動した欲求でもあります。

地位欲の支配下に陥ってしまった人は、ある地位を職場のなかで得ても喜びは一瞬だけで終わります。すぐに不満感に心が覆われます。自分よりも上の地位や役割にある者に対して心穏やかでいられなくなります。嫉妬心を抱くようになります。

快楽欲求は、楽しみや喜びを追い続けたいという欲求です。この欲求は他の欲求のベースにあるものといってもいいでしょう。常に自己中心的な姿勢をもって、自分だけの快を追い求め続けようとします。例えば、あるとき、手抜きの仕事をして、そこから「快」を感じたとします。そうすると、心はさらなる「快」を求めるようになります。次の日には、さらに手抜きをし、その次の日も、さらに手抜きをするといった具合にエスカレートしてしまいます。

承認欲求も快の刺激を受けたいという欲求です。一度、誰かに認められることを「快」に感じると、それをさらに求めたくなります。ただし、以前と同じ内容やレベルの認め方ではもはや心は「快」を感じません。より高いレベルの承認を求めるようになります。エスカレートするばかりで、満たされないと、怒り、苛立ち、憎悪、嫉妬などのネガティブな感情で心が支配されるようになります。

完璧欲求は、常に完璧でなければ納得しない欲求です。常に完全を求め（といっても、自己中心的な本人の思いでそう判断するのですが）、とにかく、完璧だと実感できなければ不満感を募らせます。苛立ち、怒り、憎悪、嫉妬などの感情が心の奥底から湧き出てきます。完璧欲求は、ある意味、全知全能であろうとしてしまうのです。といっても、完全を目指して、知識や技術の習得に邁進するような行動を起こすわけではありません。何もせずに、完全無欠な自分であることを求めるのです。仕事で十分なパフォーマンスができないのは、自分の責任ではなく、誰かが〝完璧〟なる自分の足を引っ張っているからと考え、犯人捜しする姿勢を示します。

完璧欲求に心が支配されると、他者に対しても完全無欠を求めます。「職員としてこうあるべきだ」という自分の思い込みで、他者の働きを点検し、不完全な人を陰に陽に攻撃してしまうのです。

厳密にいえば、この世にいる人で完璧な人などいません。誰にも不十分なところがあります。それが認められなくなってしまうのです。いえ、その状況に留まらず、「不完全」「不十分」という理由で、人を裁いてしまうのです。まるで、罪なる存在であるかのように裁き、罰を与えようとしてしまうのです。

(2) 不完全なのが自然な姿

人間は不完全な存在です。それが当たり前の状態なのです。不完全である部分が人を傷つけたり、貶《おとし》めたりするものでなければ、誰からも批判される筋合いはありません。

不完全な状態にある自分が、心を尽くして、思いを尽くして、福祉職員としての役割と使命を果たすために働いています。それは、もうすでに素晴らしいことなのです。誰からも後ろ指をさされることはないのです。

この事実に気づかず、完全無欠を求めるのは、心のどこかに「自分が人の上に立っていたい」という欲求があるからです。上に立って、人を支配したいという無意識の思いにとらわれているからです。これらの自己中心性から生じる行動や欲求は、人間関係に亀裂をもたらし、人の心を動揺させます。不安と焦りと恐れのなかに陥れてしまうこともあります。この状況から人を解き放つのに、自己放棄が必要とされるのです。

(3)　他者の喜びの実現に力を尽くす

では、どうすれば自分から自己中心性を取り除くことができるでしょうか。もっとも有効なのは、他者の喜びにつながる行動に力を尽くすアプローチです。自分の周りにいる人が喜びが実感できる行動を一つひとつ丁寧に示していくのです。

大きなことである必要はありません。いえ、むしろ、大きいものでなくていいのです。何か大きなことをやろうとすると、打ち上げ花火で終わります。日常的な取り組みになっていきません。

ここで推奨するのは、日常の習慣とするアプローチです。日々の業務のなかで、常に相手が喜ぶ行動に徹するのです。ただし、これはすべてを他者に捧げるだけで、何も自分が得られずに終わることを目指したものではありません。この取り組みが習慣化すると、知らないうちにそれが自分の喜びとなっていきます。利用者や共に働く仲間に喜んでもらえていることが実感できるようになるからです。

(4)　小さなことから始める

この取り組みに着手する際には、可能な限り、些細なことから始めてください。これがうまくいく秘訣です。完璧主義は厳禁です。少しでもうまくいかないと自分を責めてしまうからです。

実際の取り組みのなかでは、他者の喜びの実現に向けて今自分ができることを淡々と行っていくという姿勢で十分です。

例えば、利用者に接する際には、その人を大切にするという思いを心に強く抱いたうえで、どんな表情、姿勢、振る舞い、話し方、聞き方で接すれば、喜びを感じてもらえるかを考えながらアプローチします。職員に接するときも同じです。一人ひとりの職員の立場に立ち、喜びの実感につながる行動、表情、言動を示していきましょう。

この取り組みに着手し、日常の行動パターンとして自分のなかに根づけば、かつて自分を支配していた、自己中心的な思いから解き放たれたことを実感します。そして、他者の喜びに資することが、自分の大いなる喜びの実感につながっていることに気づくでしょう。

⑧ 自由・解放：あらゆる形態の支配からの自由と解放を実現する

愛が達成を目指す究極の目的は次の二点に集約できます。一つは人に幸せをもたらすこと。人生を送るうえでの喜びが心の底から感じられるようになること。そして、それによって、自分や他者、人生そのものへの信頼と希望をもって、生きることができるようになることです。

そして、もう一つの目的は、真の意味での自由を手に入れることです。それは、自分自身に不

利益をもたらしたり、成長を阻んだりするマイナスの状況や事柄からの解放を目指すものでもあります。

具体的には、次のような状況や事柄からの解放を目指しています。

- 成長を妨げる何らかの要因からの解放
- あらゆる形態の心理的、身体的支配からの解放
- 自分の自由な動きや考えを妨げるものの見方、考え方からの解放
- 長年にわたって身につけた誤った価値観、固定観念、常識、思い込みからの解放
- 名誉欲、地位欲、金銭欲、物欲、際限のない承認欲求からの解放
- 人の成長の期待や希望を奪うような言動からの解放
- ネガティブな思考、ネガティブな自己認識、ネガティブな他者認識からの解放
- 失望感からの解放
- やらなければならないことをやらずに済ませようとする怠惰からの解放
- 憎しみ、憎悪の念からの解放
- 怒りや苛立ちからの解放
- 不安や恐れ、強迫観念からの解放
- 強いストレス・プレッシャーからの解放
- 罪責感（まったく自分には責任はないのに、「私が悪かったのかな」などと苦しむ状況）からの解放

(1) 誤った眼差しから自己を解放する

愛がもたらす解放は、人に対する眼差しも含まれます。私たちが人に寄せる眼差しは、時に歪んだものとなることがあります。自己中心性から生まれた先入観というメガネを通して見てしまうことがあるのです。それが、人に対する誤った見方をしてしまう原因になります。

人は、自分自身に対しても先入観でとらえようとする特性があります。先入観が判断ミスを生じさせます。自分が自分を誤解する一因となってしまうのです。この点について、イエズス会の司祭であり、西洋と東洋の思想・心理・文化に造詣が深いアンソニー・デ・メロは、ものの考え方やとらえ方は固定化しやすく誤りやすいものだと警告を発しています。そのうえで、物事の一部に対する認識をもって、すべてを見たとか理解したと誤解してしまう、つまり、自分の一部分をとらえて、それが自分の全体像だととらえる危険性を指摘しているのです。

例えば、「私は消極的な人です」という自己認識をしている人がいるとします。その人は、自分全体を消極的という価値判断でとらえています。

メロの視点で言えば、それは正しくありません。消極的なところは、その人の一部分（多くの場合、ごく小さな一部分！）であり、その人そのものではありません。人のなかには、消極的な面が一部としてあるのであり、消極性なるものがその人自身、あるいは全体像ではないのです。

(2) 見方を変えれば気づかなかったものに気づけるようになる

その誤った眼差しから解放するのが、愛に根ざした眼差しです。そうすれば、今まで見えなかったものが見えるようになります。他者のなかにある素晴らしい一面に気づけるようになります。自分のなかにある素晴らしい才能や賜物にも気づけるようになります。

欠点が欠点でなく、のびしろだということに気づけます。試練が成長に向けたジャンプ台だということに気づけます。関係ないと思っていた人が、実はとても大切なパートナーであることに気づけます。何ももっていないと思っていた自分が、すでに必要なものはすべてもっていることに気づけます。

さあ、先入観と思い込みから、自分を解き放ちましょう。そして、自由で解放された者として、自分がもつ才能と賜物を活かしていきましょう。

［引用文献］
（1）ジョナサン・ハイト、藤澤隆史・藤澤玲子訳『しあわせ仮説――古代の知恵と現代科学の知恵』新曜社、320頁、2011年
（2）カリール・ジブラン、佐久間彪訳『預言者』至光社、37頁、2009年
（3）ヘンリー・クラウド、ジョン・タウンゼント、中村佐智・中村昇訳『境界線（バウンダリーズ）』地引網出版、331頁、2014年

［参照文献］
・トム・キットウッド、高橋誠一訳『認知症のパーソンセンタードケア』筒井書房、2005年
・R・T・ケンダル『本当に赦すということ――この最もやりがいのある神からの願い』生ける水の川、2007年
・Brooker, D, Person-Centred Care: Making Services Better, Jessica Kingsley Publishers, London. 2006
・Mello, Anthony De. Awareness: Conversations with the Masters, Crown Publishing Group, Kindle version, 1990

［著者紹介］

久田則夫
（ひさだ・のりお）


長崎県大村市生まれ。昭和60年3月、上智大学外国語学部卒業後、知的障害者施設に就職。

平成6年3月まで、支援職員として勤務。その間、3年間にわたり、英国国立スワンジー大学院博士課程に留学。高齢知的障害者に関する社会学的研究で、博士号（Ph D）取得。長崎純心大学、龍谷大学を経て、現在、日本女子大学人間社会学部教授。専門領域：利用者本位サービス論、社会福祉組織運営論

〈主な著書〉

『どうすれば福祉のプロになれるか――カベを乗り越え活路を開く仕事術』（単著）中央法規出版、『社会福祉の研究入門――計画立案から論文執筆まで』（編著）中央法規出版、『伸びる職員実践教室――保健福祉の職場が変わる仕事術』（単著）医歯薬出版、『デキる福祉のプロになる　現状打破の仕事術』（単著）医歯薬出版、『施設職員実践マニュアル――インフォームド・コンセントにもとづいた利用者主体の援助プログラムの勧め』（単著）学苑社、『エンパワメント実践の理論と技法』（共編著）中央法規出版、『改訂　地域福祉・介護サービスQ&A――介護保険時代の高齢者ケア実践のポイント』（共編著）中央法規出版、『高齢知的障害者とコミュニティケア』（単著）川島書店、『ノリさんの楽々レポート作成術――福祉系学生・職員のための論文レポート作成マニュアル』（単著）大揚社、『社会福祉法の成立と21世紀の社会福祉〈別冊発達〉』（共著）ミネルヴァ書房、『社会福祉援助技術論』（共著）全国社会福祉協議会、『福祉のプロにおくる　職場の難問解決Q&A――これがあなたを危機から救うとっておきの秘策だ！』（単著）中央法規出版、『人が育つ・職場が変わる気づき力――業務改善と意識改革の教科書！』（単著）日総研出版、『福祉の仕事でプロになる！――さらなる飛躍に向けた24のポイント』（単著）中央法規出版、『福祉リーダーの強化書――どうすればぶれない上司・先輩になれるか』（単著）中央法規出版、その他多数。

福祉職員こころの強化書
穏やかな気持ちで人を支援する専門職になる

2019年12月10日　初　版　発　行
2021年 8 月25日　初版第2刷発行

著　者　　久田則夫
発行者　　荘村明彦
発行所　　中央法規出版株式会社
〒110-0016　東京都台東区台東3-29-1　中央法規ビル
営　　業　　TEL03-3834-5817　FAX03-3837-8037
取次・書店担当　TEL03-3834-5815　FAX03-3837-8035
https://www.chuohoki.co.jp/

ブックデザイン　加藤愛子（オフィスキントン）
本文イラスト　坂木浩子
印刷・製本　長野印刷商工株式会社

本書の内容に関するご質問については、下記URLから「お問い合わせフォーム」に
ご入力いただきますようお願いいたします。
https://www.chuohoki.co.jp/contact/

定価はカバーに表示してあります。落丁本・乱丁本はお取り替えいたします。
ISBN978-4-8058-5973-5